INTRODUÇÃO AO ESTUDO

DAS RELAÇÕES INTERNACIONAIS

www.saraivauni.com.br

Temas Essenciais em R.I. 1

Antônio Carlos Lessa
Henrique A. de Oliveira (Coords.)

INTRODUÇÃO AO ESTUDO DAS RELAÇÕES INTERNACIONAIS

Virgílio Arraes | Thiago Gehre

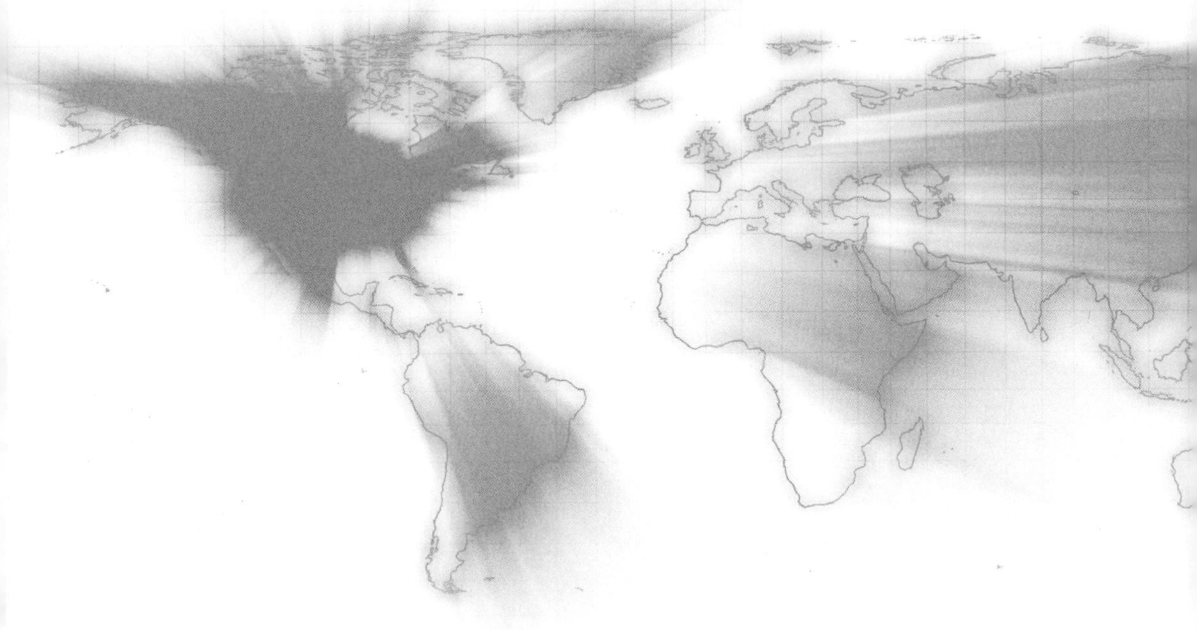

Editora Saraiva

Editora Saraiva

Rua Henrique Schaumann, 270
Pinheiros – São Paulo – SP – CEP: 05413-010
Fone PABX: (11) 3613-3000 • Fax: (11) 3611-3308
Televendas: (11) 3613-3344 • Fax vendas: (11) 3268-3268
Site: http://www.saraivauni.com.br

Filiais

AMAZONAS/RONDÔNIA/RORAIMA/ACRE
Rua Costa Azevedo, 56 – Centro
Fone/Fax: (92) 3633-4227 / 3633-4782 – Manaus

BAHIA/SERGIPE
Rua Agripino Dórea, 23 – Brotas
Fone: (71) 3381-5854 / 3381-5895 / 3381-0959 – Salvador

BAURU/SÃO PAULO (sala dos professores)
Rua Monsenhor Claro, 2-55/2-57 – Centro
Fone: (14) 3234-5643 – 3234-7401 – Bauru

CAMPINAS/SÃO PAULO (sala dos professores)
Rua Camargo Pimentel, 660 – Jd. Guanabara
Fone: (19) 3243-8004 / 3243-8259 – Campinas

CEARÁ/PIAUÍ/MARANHÃO
Av. Filomeno Gomes, 670 – Jacarecanga
Fone: (85) 3238-2323 / 3238-1331 – Fortaleza

DISTRITO FEDERAL
SIA/SUL Trecho 2, Lote 850 – Setor de Indústria e Abastecimento
Fone: (61) 3344-2920 / 3344-2951 / 3344-1709 – Brasília

GOIÁS/TOCANTINS
Av. Independência, 5330 – Setor Aeroporto
Fone: (62) 3225-2882 / 3212-2806 / 3224-3016 – Goiânia

MATO GROSSO DO SUL/MATO GROSSO
Rua 14 de Julho, 3148 – Centro
Fone: (67) 3382-3682 / 3382-0112 – Campo Grande

MINAS GERAIS
Rua Além Paraíba, 449 – Lagoinha
Fone: (31) 3429-8300 – Belo Horizonte

PARÁ/AMAPÁ
Travessa Apinagés, 186 – Batista Campos
Fone: (91) 3222-9034 / 3224-9038 / 3241-0499 – Belém

PARANÁ/SANTA CATARINA
Rua Conselheiro Laurindo, 2895 – Prado Velho
Fone: (41) 3332-4894 – Curitiba

PERNAMBUCO/ ALAGOAS/ PARAÍBA/ R. G. DO NORTE
Rua Corredor do Bispo, 185 – Boa Vista
Fone: (81) 3421-4246 / 3421-4510 – Recife

RIBEIRÃO PRETO/SÃO PAULO
Av. Francisco Junqueira, 1255 – Centro
Fone: (16) 3610-5843 / 3610-8284 – Ribeirão Preto

RIO DE JANEIRO/ESPÍRITO SANTO
Rua Visconde de Santa Isabel, 113 a 119 – Vila Isabel
Fone: (21) 2577-9494 / 2577-8867 / 2577-9565 – Rio de Janeiro

RIO GRANDE DO SUL
Av. A. J. Renner, 231 – Farrapos
Fone: (51) 3371- 4001 / 3371-1467 / 3371-1567 – Porto Alegre

SÃO JOSÉ DO RIO PRETO/SÃO PAULO (sala dos professores)
Av. Brig. Faria Lima, 6363 – Rio Preto Shopping Center – V. São José
Fone: (17) 3227-3819 / 3227-0982 / 3227-5249 – São José do Rio Preto

SÃO JOSÉ DOS CAMPOS/SÃO PAULO (sala dos professores)
Rua Santa Luzia, 106 – Jd. Santa Madalena
Fone: (12) 3921-0732 – São José dos Campos

SÃO PAULO
Av. Antártica, 92 – Barra Funda
Fone PABX: (11) 3613-3666 – São Paulo

381.655.001.001

ISBN 978-85-02-19968-2

CIP-BRASIL. CATALOGAÇÃO NA FONTE
SINDICATO NACIONAL DOS EDITORES DE LIVROS, RJ.

A796i
v.1

Arraes, Virgílio

Introdução ao estudo das Relações Internacionais / Virgílio Arraes, Thiago Gehre ; Antônio Carlos Lessa, Henrique Altemani de Oliveira (coord.). - São Paulo : Saraiva, 2013.
128p. : 24 cm (Temas essenciais em RI)

ISBN 978-85-02-19968-2

1. Relações internacionais 2. Política internacional 3. Política econômica. I. Gehre, Thiago II. Lessa, Antônio Carlos, 1970- III. Oliveira, Henrique Altemani de, 1945-. IV. Título. V. Série.

13-0970. CDD: 337
CDU: 338.22

15.02.13 18.02.13 042803

Direção editorial	Flávia Alves Bravin
Coordenação editorial	Rita de Cássia da Silva
Aquisições	Ana Paula Matos
Editorial Universitário	Luciana Cruz Patricia Quero
Editorial Técnico	Alessandra Borges
Editorial de Negócios	Gisele Folha Mós
Produção editorial	Daniela Nogueira Secondo Rosana Peroni Fazolari
Produção digital	Nathalia Setrini Luiz
Suporte editorial	Najla Cruz Silva
Arte e produção	MSDE / MANU SANTOS Design
Capa	MSDE / MANU SANTOS Design
Produção Gráfica	Liliane Cristina Gomes
Impressão e acabamento	Prol Editora Gráfica

Contato com o editorial
editorialuniversitario@editorasaraiva.com.br

1ª edição

SaraivaUni

Sobre os autores

VIRGÍLIO ARRAES é doutor em história das relações internacionais pela Universidade de Brasília (UnB) e professor da mesma instituição, com atuação no Departamento de História e no Instituto de Relações Internacionais. Atua também há muitos anos no Ministério das Relações Exteriores. É especialista em Estados Unidos, tendo publicado *Relações Internacionais: o desgaste da nova ordem mundial* e *A potência em Crise*.

Contato com o autor: VARRAES@editorasaraiva.com.br

THIAGO GEHRE é doutor em Relações Internacionais pela Universidade de Brasília (UnB) e professor da Universidade Federal de Roraima (UFRR), no Departamento de Relações Internacionais. Como docente e pesquisador, atua principalmente nos estudos sobre Relações Internacionais do Brasil, História das Relações Internacionais, Política Externa Brasileira, Estudos sobre América do Sul, Parcerias Bilaterais e Segurança Internacional. É especialista em Venezuela. Autor dos livros *América do Sul: a ideia brasileira em marcha* e *Uma história de parceria: as relações entre Brasil e Venezuela (1810-2012)*.

Contato com o autor: TGEHRE@editorasaraiva.com.br

ANTÔNIO CARLOS LESSA (Coord.) é pós-doutor pela Université de Strasbourg, doutor e mestre em História pela Universidade de Brasília (UnB) e graduado em Relações Internacionais pela mesma instituição. Atualmente, é professor do Instituto de Relações Internacionais da UnB e pesquisador do Conselho Nacional de Desenvolvimento Científico e Tecnológico (CNPq). É editor da *Revista Brasileira de Política Internacional* (RBPI), do *Boletim Meridiano 47* e coordenador do projeto Mundorama na UnB, iniciativa de divulgação científica em Relações Internacionais no Brasil.

Contato com o autor: ACLESSA@editorasaraiva.com.br

HENRIQUE ALTEMANI DE OLIVEIRA (Coord.) é doutor e mestre em Sociologia pela Universidade de São Paulo (USP) e graduado em Ciências Sociais pela mesma instituição. Atualmente é Pesquisador Visitante e Coordenador Adjunto do Mestrado em Relações Internacionais da Universidade Estadual da Paraíba. É igualmente Professor do Programa de Relações Internacionais da Pontifícia Universidade Católica de São Paulo e Coordenador do Grupo de Estudos Ásia Pacífico. Foi Coordenador Adjunto do Núcleo de Pesquisa em Relações Internacionais da USP e Professor e Coordenador do Mestrado em Relações Internacionais da Universidade de Brasília (UnB).

Contato com o autor: ALTEMANI@editorasaraiva.com.br

Sumário

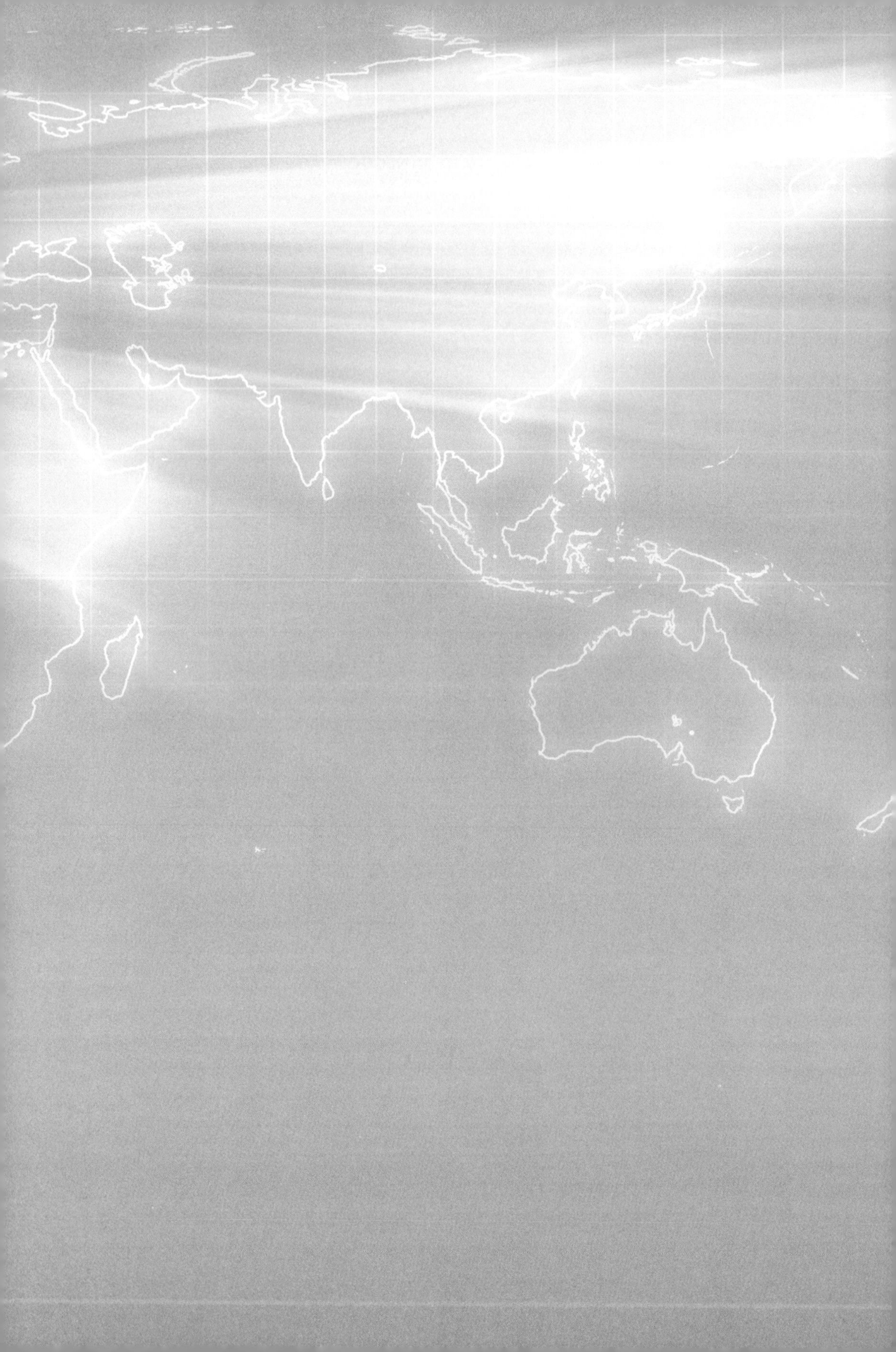

Introdução

A importância do internacional há muito deixou de ser assunto exclusivo das chancelarias dos países para alcançar também a pessoa comum. Algumas questões que preocupam especialistas, como mudança climática, crise da moeda única europeia, primavera árabe, insegurança alimentar no continente africano, transições políticas em regimes autoritários, também interessam e afetam o indivíduo.

Com isso, as diferentes visões sobre como estudar as relações entre as nações – partindo de caminhos diversos como a ciência política, a história, a economia, a psicologia (social), a sociologia e a antropologia – ganharam um reforço a partir da organização e sistematização de um campo de conhecimento próprio, dedicado ao estudo de acontecimentos e fenômenos internacionais.

Pode-se dizer que no campo de estudo das Relações Internacionais (RI), além do foco nas relações entre Estados, há uma maior preocupação em abarcar diferentes fenômenos e agentes estatais e não estatais que compartilham valores, ideias e interesses no âmbito da política global.

Assim, este livro de introdução tem como objetivo apresentar aos alunos de graduação e pós-graduação – e também aos demais interessados – os alicerces teóricos, conceituais, metodológicos e contextuais que sustentam a ciência das Relações Internacionais. Espera-se contribuir para uma visão geral do campo de estudo, com suas bases intelectuais, principais debates teóricos, características identitárias e autores mais importantes, procurando também estimular a curiosidade científica e levar o leitor a realizar pesquisas sobre temas, assuntos e personagens particulares.

Para tanto, o livro está dividido em seis capítulos principais. O Capítulo 1 trata dos estudos clássicos realizados por precursores como Tucídides e pensadores como Rousseau e Kant, que tiveram algum impacto sobre o conhecimento produzido em RI. O Capítulo 2 é dedicado à apreciação da dimensão histórica das relações internacionais, desde suas origens até a contemporaneidade, com foco nas transformações que o tempo operou sobre a identidade de seu campo de estudo. O Capítulo 3 é dedicado à apreciação dos elementos analíticos essenciais das Relações Internacionais, como a agenda teórica. Já o Capítulo 4 avalia a atuação de atores e agentes internacionais, abrangendo o Estado, com suas derivações (a exemplo das organizações internacionais), e analisando também a influência do transnacionalismo e dos atores não estatais, como as corporações transnacionais. O Capítulo 5 analisa o ofício da negociação e seu panorama histórico, desde os primórdios até a modernidade, assim como os elementos conceituais e constitutivos que formam a essência do sistema diplomático. No Capítulo 6 debate-se a arte da guerra, o exercício do poder, os Estados, a política e a estratégia. Além disso, apresentam-se os motivos e consequências do fenômeno da guerra, incluindo uma tipologia detalhando e diferenciando as formas que o fenômeno adquire nas relações internacionais.

Cada capítulo possui uma seção de conceitos a serem retidos, ou seja, aqueles termos mais relevantes para a compreensão do assunto tratado, incluindo ainda: a seção "Para saber mais", com uma literatura selecionada para auxiliar na expansão do conhecimento em determinada matéria; algumas questões para discussão, como guia de reflexão e debate e como forma de estimular o aprendizado dinâmico do conteúdo apreendido em cada capítulo.

Por este se tratar de um livro introdutório, algumas questões apresentadas adiante não são aprofundadas o suficiente, servindo como roteiro e base para estudos mais robustos. Ademais, o livro está estruturado por descrições teóricas, interpretações históricas e avaliações críticas pontuais, o que o torna uma extensão das experiências de pesquisa e ensino dos autores nos últimos dez anos.

Capítulo 1

PRECURSORES E PENSADORES

Neste capítulo inicial, o leitor será apresentado aos principais textos clássicos de precursores e pensadores que contribuíram para a consolidação de um pensamento analítico em Relações Internacionais (RI). Também poderá averiguar a evolução do conhecimento aplicado ao internacional, que vem desde a Grécia antiga, passando pelo renascimento e pela idade da razão até alcançar o início do século XX. Por fim, poderá compreender como os conceitos e teorias da contemporaneidade mantêm algum tipo de conexão com a história das ideias das relações internacionais.

1.1 O estudo de textos clássicos

No início do século XX, as Relações Internacionais emergiam como disciplina acadêmica dos escombros da Grande Guerra (1914-1918). O olhar lançado então sobre a política internacional baseava-se nas ideias e concepções teóricas desenvolvidas anteriormente – sobretudo no século XIX –, e tinham a preocupação natural de adequar tais modelos à época.

Diante de uma série de acontecimentos marcantes, como a eclosão de uma crise econômica (1929), outro conflito mundial (1939-1945) e a formação da ordem internacional da Guerra Fria (1945-1991), o campo de estudo das Relações Internacionais precisou evoluir e se adaptar a cada um dos diferentes contextos em que estava inserido.

Para esse processo de adaptação foi fundamental não somente o aprimoramento técnico e tecnológico representado pelo advento do computador e da internet, mas também mediante conexões intelectuais e ideacionais com pensadores do passado com o intuito de nutrir a criatividade com inspirações em conceitos, temas e textos herdados dos gregos, renascentistas, iluministas e outros.

Portanto, a *dimensão analítica* em relações internacionais, ou o seu campo científico, utilizou como alicerce teórico e metodológico a herança deixada pelo pensamento político, jurídico, econômico, sociológico, histórico e filosófico.

Isso foi possível graças à existência de uma *dimensão histórica* em relações internacionais, constituída por práticas convencionais a exemplo daquelas relacionadas aos costumes e tradições de uma sociedade: medidas de contenção e de equilíbrio de poder, como as alianças, fizeram parte da dinâmica internacional desde as cidades-estados gregas ou italianas.

Em um mundo marcado pela globalização e pela revolução da informação, as reflexões de autores clássicos permanecem relevantes para entender as relações internacionais. Frequentemente, autores clássicos são citados como precursores de abordagens teóricas contemporâneas. Suas ideias são também utilizadas tanto para explicar desenvolvimentos políticos atuais como para justificar e propagar políticas externas específicas, além de definir e estruturar debates políticos e teóricos nos dias de hoje.

Logo, pode-se dizer que o estudo das relações internacionais contemporâneas foi constituído historicamente com base nas obras de precursores e nos estudos de vários pensadores, designados como "autores clássicos" por sua relevância e durabilidade no tempo, especialmente no que diz respeito às preocupações de natureza diversa sobre a realidade internacional de sua época.

1.2 Precursores: da Grécia antiga ao renascimento

Com o colapso do Império Romano (476 d.C.) e o advento da Idade Média (no século V – aproximadamente em 1453), o mundo viveu um longo período de reorganização das relações sociais e políticas. O desenvolvimento do cristianismo, do direito costumeiro e do direito canônico, somados ao fortalecimento da Igreja e à aglutinação gradativa dos feudos e principados em governos centralizados, especialmente nas penínsulas ibérica e itálica, aguçaram a preocupação dos governantes com a ordem, a justiça, o Estado, a soberania e o poder.

Naquele momento, os estudiosos voltaram suas reflexões para assuntos afeitos às relações internacionais e, para tanto, procuraram retomar os estudos realizados na antiguidade. É nesse contexto que se resgata o primeiro dos precursores das Relações Internacionais.

1.2.1 Tucídides (471-400 a.C.)

Tucídides serviu como general do exército ateniense na Guerra do Peloponeso (431-404 a. C.), conflito travado entre Atenas e Esparta. Porém, após ser derrotado em uma batalha, foi exilado por 21 anos, período no qual viajou e pôde analisar as relações conflituosas entre duas cidades-estados poderosas, além de observar fatos e entrevistar pessoas para compreender as motivações e os comportamentos de seus líderes e soldados.

Tucídides associou o medo e a mudança na balança de poder como a causa subjacente da guerra entre atenienses e espartanos. Com medo de perder o papel proeminente no mundo helênico, Esparta reforçou-se militarmente e formou alianças com outras cidades-estados – como a ilha de Melos –, preparando-se para enfrentar os atenienses. Atenas, por sua vez, sentiu-se afrontada e identificou uma perda de poder em favor de sua rival Esparta. Logo, o crescimento do poder de Atenas alimentou o medo espartano, levando a uma corrida por alianças e armamentos dos dois lados que finalmente desembocou em uma guerra.

Em uma famosa passagem, chamada *Diálogo mélio*, Tucídides apontava elementos típicos das relações internacionais como neutralidade, dissuasão, capacidade, cálculo de poder e interesse próprio, surgidos das negociações entre Atenas e Melos.

Os atenienses criticavam Melos por ser uma colônia de Esparta e não ter se juntado a Atenas. Diziam que o padrão de justiça em qualquer negociação dependia do poder disponível em cada um dos lados, ou seja, o mais forte faria o que quisesse e o mais fraco aceitaria as condições impostas. Além disso, a conquista seria um meio de garantir a própria segurança, enquanto a neutralidade seria uma posição perigosa, pois empurrava o mais fraco contra o mais forte. Por fim, os atenienses lembravam que apenas agiam da forma que as leis da natureza mandavam, e assim governavam os povos mais fracos; afirmavam ainda que se os mélios tivessem o poder de Atenas agiriam da mesma forma.

Os mélios se apegavam ao fato de não estarem em nenhum dos lados no conflito espartano-ateniense; havia interesses comuns entre mélios e atenienses, e restava a esperança de seguir lutando para manter a honra da cidade. Além disso, confiavam que, em última instância, seriam socorridos pela aliança com os espartanos, forjada por uma identidade de raça e sentimentos, e que o desejo de vingança contaminaria outras cidades contra os atenienses.

O resultado do trabalho de Tucídides foi uma narrativa histórica entremeada de explicações sobre a natureza das relações internacionais, como guerra e luta pelo poder político e militar. Tornou-se notável por descrever acuradamente o funcionamento de um sistema de cidades-estados, construído com base em redes comerciais, acordos, tratados e alianças. A obra de Tucídides marcou pela capacidade de apontar forças profundas que operam ao longo de toda a história, transcendendo o tempo presente.

1.2.2 Nicolau Maquiavel (1469-1527) e Francesco Guicciardini (1483-1540)

A política entre estados renascentistas continuou animando os estudiosos sobre assuntos internacionais, a exemplo de Nicolau Maquiavel, que foi diplomata da República de Florença. Maquiavel tornou-se um estudioso dos textos antigos de Grécia e Roma, e quando escreveu *O príncipe* teve como inspiração o astuto e sagaz déspota César Bórgia, filho do Papa Alexandre VI.

Maquiavel enfocou a política dentro do Estado, voltando suas atenções a dois conceitos correlatos: virtude e fortuna. Por fortuna entendia as chances e oportunidades que o destino fornecia aos governantes, às vezes imprimindo certa dramaticidade ao compará-la a um rio violento ou a uma tempestade repentina. Por virtude compreendia o gênio e a determinação dos governantes, que deveriam ser fortes como leões e astutos como raposas.

O príncipe, dedicado ao governante florentino Lorenzo de Médici, tornou-se um manual prático de como alcançar, manter e ampliar o poder de líderes e governantes, consagrando a clássica expressão "é melhor ser temido do que ser amado".

Outra contribuição de Maquiavel foi defender a ideia de que os príncipes deveriam utilizar todos os meios à disposição para alcançar os fins desejados e pretendidos, independentemente das limitações morais. Com isso, alguns líderes internacionais passariam a ser qualificados como "maquiavélicos" por seu comportamento ambicioso, pois não mediam esforços para atingir seus objetivos.

Um contemporâneo de Maquiavel foi Francesco Guicciardini. Apesar de ser menos conhecido, seus escritos têm grande relevância por tratar de vários temas conexos às relações internacionais. Guicciardini tornou-se uma espécie de assessor de política externa do Papa Clemente VII, e tratou da rivalidade entre França e Espanha, aconselhando a formação de alianças circunstanciais e a assinatura de acordos de paz.

Além disso, em sua obra *História da Itália*, Guicciardini descreveu a atuação de Lorenzo de Médici como governante de Florença e o funcionamento do sistema de cidades-estados italianas como Veneza, Gênova, Nápoles e Florença, que seria autorregulado pelo mecanismo do equilíbrio de poder.

Assim como Tucídides, Maquiavel e Guicciardini escreveram sobre poder, balança de poder, formação de alianças e causas dos conflitos, considerando as diferentes cidades-estados da Itália, e convergiram na ideia de que o príncipe poderia perder seu Estado caso não se preocupasse com as forças e ameaças internas e externas. Ambos inauguraram uma nova era de preocupações sobre questões internacionais – e não apenas de uma maneira descritiva, mas também analítica, enfocando as ações do homem de Estado, suas escolhas racionais e as forças históricas que moldam os interesses dos príncipes.

1.2.3 Jean Bodin (1530-1595)

No transcorrer do século XVI, a tensão religiosa entre protestantes e católicos se afirmou na Europa, especialmente com a erupção do calvinismo na França. Bodin, que fora influenciado pelo renascimento, não considerava a religião como causa suficiente para as guerras, acreditando que o ordenamento civil fundamentado em leis poderia ser um forte laço entre as nações.

Bodin publicou duas importantes obras: *Método para a fácil compreensão da história* e *Os seis livros da República*, e contribuiu com a formulação do princípio pacta sunt servanda, o qual estipula que os tratados devem ser mantidos pelos governantes. Além disso, o autor apresentou parâmetros para o estabelecimento de um bom Estado, conformado por estruturas justas e efetivas de governo.

Bodin dedicou-se a estudar a mudança histórica, o nascimento e morte de bons e poderosos Estados, enfocando problemas como continuidade, ordem, guerra civil e revoluções. Porém, sua mais importante contribuição foi a discussão pioneira sobre o conceito de soberania, o poder absoluto e perpétuo investido em uma comunidade de nações, que deixou três elementos importantes para o debate atual.

O primeiro deles é a ideia de que a soberania está ligada ao Estado e não ao indivíduo, e que por isso não é uma propriedade passível de ser adquirida ou usurpada por meios violentos, mas sim uma virtude da comunidade historicamente constituída. O segundo elemento está ligado ao conceito de que a soberania é perpétua diante das descontinuidades e mudanças de governantes. Assim, príncipes e reis seriam soberanos apenas temporariamente e até que o povo assim os considerassem. O terceiro ponto importante levantado por Bodin é a concepção da soberania como absoluta, incondicional e irrevogável, a fonte do poder e autoridade da comunidade – portanto, inalcançável aos comandos de outros príncipes, reis e comunidades.

O autor também identificou alguns limites ao poder soberano, como as leis (divina e natural) e o tipo de regime (autoritário ou democrático), que limitariam o alcance das ambições e desejos dos príncipes.

Seguindo Maquiavel, Bodin afirma que nas relações entre Estados o poder de um príncipe soberano somente seria limitado pelo poder de outro príncipe soberano. Entretanto, entendia como imperativo que princípios morais e racionais guiassem os homens de Estado. Ademais, acreditava que os convênios entre nações, chamados de tratados, seriam formas de regular um mundo marcado pela ausência de autoridade suprema acima das comunidades de nações.

Cabe ainda destacar que Bodin contribuiu com a discussão sobre a ordenação do sistema de Estados a partir da fé na justiça ou na compreensão de que os acordos entre príncipes são a base fundamental das relações interestatais. Ao quebrar sua promessa, um governante reduziria a fé dos outros em relação a ele mesmo. Assim, um príncipe sábio deveria se considerar ligado ao mundo por sua palavra de honra. Daí a derivação do princípio *pacta sunt servanda* como alicerce das relações internacionais modernas.

1.3 Internacionalistas no século XVII

1.3.1 Hugo Grocius (1583-1645)

No início do século XVII, a Europa estava economicamente abalada e politicamente fragmentada. A afirmação de alguns Estados territoriais, com governos centralizados e forças armadas terrestres e marítimas próprias, criou uma atmosfera de disputa entre ibéricos, franceses, italianos, ingleses e holandeses, especialmente no que dizia respeito ao controle das rotas comerciais e das colônias nas Américas, África e Ásia. Assim, o panorama de quase anarquia e barbárie motivou Grocius a produzir seu mais notável trabalho: *Sobre a lei da guerra e da paz* (1625).

Grocius tinha uma visão pragmática da natureza das interações estatais, e não se restringia à centralidade do poder do Estado; em vez disso, dizia que o homem, por ter dominado a linguagem e ser imbuído de razão, poderia criar e seguir princípios gerais que garantissem a interação pacífica entre os povos. A consequência seria a criação de regras e instituições que arbitrassem o conflito entre os Estados.

Grocius testemunhou a eclosão da Guerra dos Trinta Anos (1618-1648), e com ela o advento de novas tecnologias aplicadas ao combate e à guerra, que matariam e devastariam populações. Por isso, fazia-se necessário estabelecer princípios que, na forma de leis, governariam as operações de combate interestatais. A guerra seria aceitável como um fato ou mesmo uma instituição humana, pois envolvia entidades legítimas como os Estados, e assim não invalidaria a conformação de uma "família de nações".

Grocius foi mais do que um jurista: era também um estadista holandês, e por isso pôde conviver com figuras importantes que acabaram moldando o seu pensamento internacionalista. Quando serviu na Suécia, por exemplo, Grocius negociou com o Cardeal Richelieu e teve contato com as ideias do clérigo francês, sobretudo com a noção do equilíbrio de poder como um mecanismo de ordenamento das relações internacionais.

Richelieu ficou conhecido por ter sido um grande estrategista – e por não ter escrúpulos, já que utilizava de diplomacia, conspirações, intrigas e subornos como formas de subjugar oponentes políticos em centros como Madri e Viena, ou ainda para arruinar o Sacro Império Romano-Germânico. Além disso, considerava o uso da violência quase como um imperativo moral dos líderes de sua época. Richelieu se notabilizaria pela expressão "razão de Estado", a qual justificaria ações tomadas por governantes em nome do bem e da segurança de toda uma nação.

Segundo a tradição grociana de pensamento, os Estados não estão empenhados em uma situação de luta infindável, pois seus conflitos estão regulados por normas e instituições comuns. Ainda segundo suas ideias, mesmo que soberanos e Estados constituam a principal realidade da política internacional, a atividade típica entre eles continua sendo o comércio e o intercâmbio econômico e social. Por isso, a prudência e a conveniência de seguir os preceitos legais e morais estabelecidos no bojo da sociedade de Estados são as principais diretrizes da política internacional.

Em síntese, pode-se dizer que Grocius passou a advogar pela existência de normas claras e aceitas por todos os Estados para governar a política internacional, e para isso contribuíram suas experiências pessoais como diplomata e sua formação intelectual, herdada de seus antecessores.

1.3.2 Thomas Hobbes (1588-1679)

Outro personagem que teve sua visão de mundo diretamente afetada pelas transformações de seu tempo foi Thomas Hobbes, que nasceu no ano do ataque da armada espanhola à Inglaterra. Hobbes teve uma infância difícil e não apenas vivenciou a Guerra dos Trinta Anos como também testemunhou a Revolução Inglesa, que eclodira em sua terra natal. Com isso, Hobbes teria desenvolvido uma visão pessimista sobre a realidade, na qual predominariam o medo, a insegurança e a introspecção.

A primeira tradução em inglês da *História da Guerra do Peloponeso* de Tucídides foi feita por Hobbes, e sua obra capital, *Leviatã* (1651), apontava como caráter essencial das relações sociais o "estado de natureza"; ou seja, uma situação permanente de guerra, na qual cada indivíduo era levado a lutar contra seus semelhantes para se defender e para sobreviver. Ao mesmo tempo, Hobbes procurava vislumbrar como seria a vida em sociedade sem uma autoridade central.

Revertida para o estudo das relações internacionais, a tradição hobbesiana de pensamento descreveria a ausência de um contrato social entre os Estados, o que pressuporia certa desordem, tornando inatingíveis os benefícios de uma civilização, como o desenvolvimento da economia, da arte e do conhecimento. Portanto, a anarquia persistiria sem um Leviatã, ou um poder superior que regulasse e arbitrasse os conflitos entre as nações.

Ademais, Hobbes suscitaria reflexões sobre a política entre as nações como o conflito generalizado, a guerra de todos contra todos, um jogo de soma zero no qual os interesses de cada Estado excluem os interesses de todos os outros. A guerra seria a atividade definidora das relações entre Estados, e a paz, apenas um período de recuperação e preparação para outra guerra.

Segundo a tradição hobbesiana, o Estado tem liberdade para perseguir suas metas com relação aos outros Estados sem quaisquer restrições morais e legais. Isso porque a política internacional seria um reino onde prevalece o vácuo moral e legal, respaldando condutas de autoafirmação pelos próprios interesses. As regras essenciais para se viver em um mundo hobbesiano indicariam prudência ao agir com os mais fortes e perigosos, alertando ainda para a conveniência de estabelecer alianças, independentemente de preferências (religiosas ou ideológicas).

1.3.3 John Locke (1632-1704)

Locke testemunhou os avanços no pensamento racionalista, e teve como contemporâneo o gênio de Sir Isaac Newton. Havia naquele momento uma predileção por modelos mecanicistas e taxonômicos, assim como certa obsessão pelo equilíbrio e simetria nos estudos e análises, o que levou Locke a pregar uma abordagem empiricista da realidade e uma nova filosofia do conhecimento, baseada no sentido e nas impressões, contrapondo-se à visão de Descartes sobre a existência de "ideias inatas".

Locke acreditava na condição social do homem e via a terra como um bem comum a todos: não seria Deus e nem o consentimento, mas o trabalho, que daria razão à propriedade. O governo seria responsável por proteger a propriedade, mediante composição de leis e regulamentos, fornecendo títulos que resguardassem o proprietário contra competidores que tivessem algum desígnio sobre suas terras e ao mesmo tempo fiscalizando o seu uso por esses proprietários.

Locke acreditava que uma política colonial bem administrada seria a chave para o sucesso econômico da empreitada britânica no Novo Mundo e em outras áreas do planeta. Suas ideias sobre contratos e propriedades viriam a legitimar, por exemplo, o direito europeu de possuir títulos nas terras americanas. Assim, o governo promoveria a colonização, facilitando a emigração daqueles que não haviam se adaptado ao meio social europeu por desvio de conduta ou por falta de oportunidade. Com isso, Locke intencionava legitimar o colonialismo europeu.

Locke desenvolveu também uma noção de soberania popular (a qual se encaixava no contexto social da Inglaterra, que naquele período vivia a emergência de uma classe média) e refutou a doutrina do direito divino dos reis. Como consequência, passaria a enxergar um estado de natureza no qual os seres humanos viveriam em perfeita liberdade e igualdade. Isso porque para Locke o homem seria um ser racional, uma criatura razoável capaz de governar a si mesmo. Além disso, os homens seriam governados por leis naturais, como o direito à vida, à liberdade e à propriedade, não interessando a eles violar os direitos uns dos outros.

Entretanto, quando violações e violência ocorressem, caberia a possibilidade da "autodefesa", ou seja, qualquer um poderia perseguir e punir um contraventor.

Mais recentemente, os estudos construtivistas se apropriaram da visão lockiana da anarquia como produtora de uma cultura política de rivalidade. Os Estados competem uns com os outros sobre recursos, posses e até poder, mas essa rivalidade não é uma dinâmica marcada pelos imperativos de vida ou morte. A dinâmica da rivalidade é, então, uma dinâmica caracterizada pela centralidade da soberania.

Assim, de acordo com Locke, os inimigos não teriam uma carga tão negativa ou não seriam tão ameaçadores, sendo caracterizados como rivais. Isso porque se espera que um rival reconheça elementos básicos de sobrevivência (a exemplo da soberania, da vida e da liberdade) como direitos, e não tente conquistar ou dominar.

1.4 Pensadores do século XVIII

1.4.1 Charles Castel, Abade de Saint-Pierre (1658-1743)

A lógica das relações entre nações estabelecida na "paz de Vestfália" (1648), que previa a soberania das unidades políticas e a autodeterminação entre os Estados, não garantia obrigações mútuas entre elas. Logo, alguns livres pensadores viram a necessidade de imaginar estruturas mais elaboradas para promover a cooperação internacional e até atingir a paz duradoura – os chamados projetos de paz perpétua. Um dos projetos mais conhecidos foi formulado por Charles Irénée Castel de Saint-Pierre, Abade de Saint-Pierre (1658-1743).

A origem do pensamento pacifista nas Relações Internacionais remonta às ideias de Thomas More (1478-1535). More foi enviado por Henrique VIII a Flandres como embaixador para defender os interesses dos comerciantes de Londres e abrandar a briga entre o monarca inglês e o príncipe de Castela, que havia herdado os Países Baixos. O trabalho seminal de More, *Utopia* (1516), tratava da justiça, da paz interna e da paz entre os povos como bens supremos que norteavam as civilizações. Além disso, tocava em questões afins às relações internacionais, como a arte da guerra, as finanças e o comércio, a colonização e a imigração.

O contraste entre a ilha imaginária chamada Utopia e a Inglaterra fornecia as bases da crítica moral aos Estados europeus e suas relações internacionais. Uma delas se dirigia ao belicismo dos Estados e sua ânsia desmesurada e descabida de conquistar novos territórios, em vez de bem administrar os que já possuíam. Além disso, a obra criticava a preferência dos príncipes pelas questões militares às artes benéficas da paz.

De acordo com o pensamento de More, os príncipes seriam irracionais por acreditarem que o bem-estar de seus países somente poderia ser garantido por um exército forte e numeroso, constantemente em prontidão; a guerra parecia até mesmo ser almejada, para que assim se pudesse exercitar as tropas. Os exércitos seriam mantidos pelos príncipes europeus para alimentar suas glórias, e à custa dos súditos.

Vivia-se, portanto, em uma época conflitiva, na qual os choques de interesses políticos e religiosos faziam da guerra uma normalidade nas relações entre nações. Por isso, os escritos de Charles Irénée Castel de Saint-Pierre ganharam significação como embrionária vontade de paz, apoiada em uma corrente de pensamento pan-europeia do século XVIII, que visava instrumentalizar meios de extinguir as sucessivas guerras continentais.

Segundo o Abade de Saint-Pierre, a política e as normas jurídicas estavam acima da moral como forma organizadora da sociedade, e por isso o abade acreditava que apenas as leis poderiam garantir segurança e paz dentro das sociedades e entre elas; Saint-Pierre temia que o mapa europeu fosse alterado – e não apenas por questões religiosas, mas por um desequilíbrio na balança de poder.

De fato, havia um sentimento utópico implícito em seu livro *Projeto para tornar a paz perpétua na Europa*, que identificava no espírito belicoso das autocracias monárquicas uma das principais razões para a guerra. Entretanto, o autor deixaria cinco importantes reflexões para o estudo das relações internacionais. A primeira delas é a ideia de que os signatários acabariam por alcançar uma aliança perpétua, a qual propiciaria a eles e a seus sucessores a absoluta e total segurança. O segundo ponto importante é a noção de que os signatários do "projeto" contribuiriam individualmente – e consoante suas possibilidades – para o financiamento dos custos coletivos da aliança. Saint-Pierre também postula que os signatários se comprometeriam a não lançar mão de meios bélicos para resolver seus litígios presentes e futuros, aceitando em qualquer situação a mediação e a arbitragem dos aliados (terceiro ponto), e que todo e qualquer signatário do projeto que fosse contra a sua essência seria objeto de ações coletivas, como sanções e medidas policialescas (quarto ponto). O projeto ainda seria passível de emendas, desde que estas objetivassem sua melhoria, seguissem negociações diplomáticas realizadas pelos plenipotenciários dos Estados-partes e ao mesmo tempo mantivessem os seus fundamentos.

Cabe ainda destacar a discussão sobre o princípio da segurança coletiva, da não intervenção e do pacifismo como força transnacional, proposta por Saint-Pierre. Além disso, o projeto viria a ser o paradigma de uma "constituição europeia", que se tentaria implementar ao longo da construção histórica da União Europeia.

1.4.2 Jean-Jacques Rousseau (1712-1778)

Em 1761, Rousseau escreveu uma análise interpretativa das ideias originais de *Projeto para tornar a paz perpétua na Europa*, do Abade de Saint-Pierre, reconhecendo que aquele projeto, embora sensato, seria menosprezado pelos governantes europeus, mais interessados na guerra e na expansão de seu próprio poder do que no bem de seus súditos.

Rousseau indagava se o mundo não seria um lugar melhor caso fosse governado por uma sociedade civil. O filósofo partia, então, de dois pressupostos em sua análise. Primeiro que o homem não era bom nem mau, era um ser "neutro". Segundo, que a estrutura social condicionava o comportamento do homem. Como consequência, Rousseau atribuía a uma política ruim a capacidade de tornar o homem mau, e a uma política boa a capacidade de fazê-lo bom. Portanto, a sociedade, ou a estrutura na qual o individuo está inserido, assumiria uma função degradante ou moralizadora, afetando a essência humana tanto positiva como negativamente.

Sempre procurando estender seu pensamento para as relações internacionais, Rousseau analisou as implicações das relações dos Estados em um mundo de Estados, tratando a liberdade como valor máximo e acreditando que a paz viria da vontade geral de todos os governantes e de suas populações – ideia que seria considerada utópica por alguns críticos.

Para Rousseau, as pessoas seriam potencialmente racionais; a razão se desenvolveria com o passar do tempo. Segundo seu pensamento, a monarquia absolutista era tida como o pior tipo de governo existente, porque tiraria do homem a liberdade. Rousseau via no tratamento igualitário de todos os homens a condição necessária para a formação de um Estado moral, e indicava que tratar cada membro de forma igual era uma condição requerida tanto para a união dos indivíduos quanto para a união dos povos ou Estados.

Rousseau tinha algumas dúvidas quanto à realização do trabalho de Saint-Pierre, mas acreditava que suas ideias eram de certa maneira inovadoras para o pensamento vigente na época, especialmente por estabelecer uma conexão entre moralidade e política. Como Saint-Pierre, Rousseau achava que os males da guerra seriam resultado da forma de governo de um Estado – especificamente, das monarquias absolutistas.

Por um lado, Rousseau assumia o conceito de soberania como liberdade moral, legitimando, por exemplo, a busca de associações para a paz, em concordância com o projeto de Saint-Pierre como um modelo de ordem política justa. Porém, também acreditava que os príncipes não desejavam realizar a paz perpétua entre Estados; seus interesses amparados na independência absoluta teriam como corolário a contínua guerra entre eles. Por tudo isso, percebe-se que Rousseau identificava as injustiças internas e externas como desafios inseparáveis à paz.

Ademais, atribuía à guerra o caráter de empreendimento social ou de produto da civilização humana, que só existiria após a organização do Estado. Ao mesmo tempo em que o Estado cria as pré-condições para a guerra, o contrato social seria capaz de prevenir o uso da violência. Portanto, Rousseau sustentava que a força não poderia produzir a lei, ainda que a violência pudesse ser usada pelos governantes para compelir as pessoas a agir de forma obediente; apenas o contrato social poderia fazê-lo.

Na metáfora da "caça ao veado", Rousseau (em passagem resgatada por Kenneth Waltz nos anos 1950) conta de um grupo de caçadores que precisam trabalhar juntos (ou cooperar) para capturar a presa. Entretanto, diante da possibilidade de abater uma lebre e garantir o seu interesse particular, um dos caçadores desvia-se do objetivo original (abater o veado) e deixa o resto dos caçadores sem nenhum tipo de ganho.

Rousseau postula então que os Estados, assim como os indivíduos, buscam associações frouxas ou circunstanciais, e que por isso o equilíbrio de poder europeu seria um mecanismo autoajustável, resultado da natureza da política internacional, e não da vontade humana.

Por fim, cabe destacar que, segundo a visão de Rousseau, a estrutura do sistema internacional condicionaria o nível de cooperação entre os Estados nas relações internacionais.

1.4.3 Emmerich de Vattel (1714-1767)

Vattel vivenciou em sua época uma febre de guerras e acordos anti-hegemônicos, realizados com o intuito de disciplinar e prescrever certas bases organizativas da política entre as nações. Assim, percebera que o Estado havia se tornado central nas relações entre nações, e passou a ver na soberania um dos elementos fundamentais na conceituação do direito internacional, o que lhe rendeu o clássico texto *Direito das Gentes* (1758).

Vattel definiu o "direito das gentes" como o conjunto de normas que deveria reger as relações entre unidades políticas soberanas, que fosse comum a todos os homens e que, no decurso do tempo, balizasse as relações entre homens agrupados em sociedades políticas distintas.

Conhecido como "o amigo de todas as nações", Emmerich de Vattel teve uma experiência com atividades diplomáticas e acadêmicas que influenciou nas interpretações dos tópicos de sua obra *Direito das Gentes*. Os eixos principais de seu texto tornariam-se conceitos essenciais, como os direitos e deveres das nações, a responsabilidade estatal e a dicotomia guerra e paz.

Inicialmente, Vattel procurou construir um sistema conceitual que diferenciasse nação, Estado, sociedade de nações, direito das gentes, liberdade e independência. Para tanto, teceu considerações sobre a ideia de nação e apresentou os elementos definidores de um Estado, como a soberania, a constituição, os direitos e os deveres de uma comunidade política organizada, as obrigações do soberano, o bom governo, o comércio, a religião, os rios e mares, focando: a soberania, a constituição, os direitos, os deveres, as obrigações do soberano, o bom governo, o comércio, a religião, os rios e o mar. No Livro II da obra, Vattel passa a tratar especificamente do direito entre as nações: deveres comuns, justiça, igualdade, domínio, segurança, alianças, cumprimento dos tratados e procedimentos nas controvérsias entre nações. No Livro III, discute o tema da guerra: diferentes espécies de guerra, causas justas, preparação, inimigo, neutralidade, direitos em tempo de guerra, aquisição pela conquista, guerra civil, direito a salvo-condutos e passaportes. No Livro IV, Vattel volta-se para o tema da paz e das embaixadas: obrigação da paz, tratados de paz, direito de embaixada e imunidades diplomáticas.

Outra contribuição do seu *Direito das Gentes* seria fornecer parâmetros para a fase de expansão da sociedade internacional europeia para fora do Velho Continente. Internamente, Vattel percebeu o funcionamento de um equilíbrio de poder, ou de uma situação em que nenhuma potência possui (ou deveria possuir) posição de preponderância absoluta e condições de determinar a lei para as outras. Externamente, Vattel não trataria da propriedade e soberania de uma nação considerando países não habitados, encontrados durante as grandes navegações e a descoberta do Novo Mundo. O direito existiria onde houvessem tomado posse de fato ou feito uso real da terra, na forma de assentamentos ou cultivo de algum produto, especialmente com o objetivo de sustentar a crescente população mundial.

Emmerich de Vattel utilizou-se das ideias de Grocius – ao mesmo tempo em que limpou os resíduos medievais que ainda estavam presentes no pensamento do diplomata holandês – para produzir um quadro de referência atualizado das fontes e conteúdo do direito internacional. Procurou estabelecer uma separação mais nítida entre direito natural e positivo, e também entre moral e direito. Principalmente, contextualizou seu *Direito das Gentes* a partir da conformação de uma sociedade internacional de Estados, possuidora de regras e normas compartilhadas.

1.5 Sistematizadores (séculos XVIII e XIX)

1.5.1 Immanuel Kant (1724-1804)

O filósofo alemão Immanuel Kant tornou-se referência para as relações internacionais com seu tratado filosófico *A paz perpétua* (1795). Suas ideias sobre a paz derivavam dos conceitos de moralidade e razão prática, com os quais relacionava o indivíduo ao sistema internacional, questionando em que condições as relações entre os Estados garantiriam liberdade e moralidade ao ser humano.

Para Kant, a primeira condição para a existência de uma paz permanente entre as nações seria a eliminação das causas potenciais da guerra. Ele então propõe a criação de uma federação pacífica entre repúblicas democráticas, o que extinguiria as hostilidades e traria a paz. Assim, a paz seria função da disseminação da democracia, pela institucionalização das normas e valores dos sistemas liberais no processo decisório internacional.

Para Kant, os problemas políticos internos dos Estados seriam solucionados pela busca por harmonia no plano internacional. Ou seja, à medida que a harmonização dos interesses entre governos se tornasse realidade, mais próximo se estaria de reconstituir a ilha "Utopia" – algo que Kant acreditava ser factível em sua época.

A percepção kantiana de mundo se tornaria importante para as relações internacionais ao respaldar a defesa de valores universalmente aceitos, como a paz entre os povos, a transparência dos tratados internacionais, o fim das cláusulas secretas e o incremento das relações econômicas, sobretudo comerciais.

Ademais, o desenvolvimento de uma tradição kantiana definiu os vínculos sociais transnacionais entre seres humanos como a essência da política internacional, que seria regida pelo exercício cooperativo, pela harmonização de interesses e resolução pacífica dos conflitos a partir das leis existentes.

Assim, o sistema de Estados tradicional seria substituído por uma "comunidade cosmopolita", derivada dos laços profundos da humanidade, cuja atividade internacional típica seria organizada por imperativos morais.

1.5.2 Carl von Clausewitz (1780-1831)

O pensamento de Clausewitz refletia outra sistematização que teve importante papel na formação de um padrão de pensamento sobre a guerra nas relações internacionais. O autor procurou identificar a correlação entre soberania, poder, ordem política e guerra; para Clausewitz, a guerra teria uma função como princípio gerador e formador de relações sociais e de composição das ordens políticas modernas.

Clausewitz foi testemunha ocular das transformações da arte da guerra empreendidas pelo general francês Napoleão Bonaparte, que em 1806 derrotou os prussianos na batalha de Jena. O segredo do sucesso seria a habilidade francesa de mobilizar diferentes setores da sociedade, respaldada em uma espécie de patriotismo, o que inspirou Clausewitz a tratar o tema da "guerra total" e do nacionalismo como alavanca para o conflito.

As constantes retomadas e resgates intelectuais que se faz de Clausewitz privilegiam o ditado que define a guerra como "nada mais do que a continuação da política por outros meios". A máxima tornou-se um princípio que passou a explicar a realidade e também orientar os tomadores de decisão a seguirem determinada estratégia. Especificamente, o princípio instruiria tomadores de decisão a instrumentalizar a guerra como uma ferramenta política – usada, por exemplo, para manter a soberania estatal diante de uma ameaça em potencial.

Clausewitz fazia uma distinção entre guerra pura e guerra real. A guerra pura era caracterizada por um movimento de uso extremo da violência sem qualquer tipo de interface. Já a guerra real seria modificada pela própria realidade do mundo, sendo entendida como um movimento de correlação de forças, condicionada e limitada pela existência de outras forças no sistema.

Clausewitz contribuiu para o estudo das relações internacionais ao organizar uma teoria da guerra e um estudo sobre as relações de poder na sociedade moderna, cuja premissa básica seria o choque de interesses como algo inerente à sociedade humana. Até então, os estudiosos como Saint-Pierre, Rousseau e Kant estavam preocupados em discutir os caminhos para a paz. Clausewitz abraçou a guerra como parte da realidade internacional e destrinchou-a como um fenômeno que poderia ser visto em suas diferentes facetas.

1.5.3 Karl Marx (1818-1883)

No momento em que Karl Marx escrevia O Capital, Charles Darwin publicava *A origem das Espécies*, obra que marcaria o advento da teoria da evolução das espécies e a disseminação de conceitos poderosos como *evolução*, *adaptação*, *mutação*, *competição* e *luta pela sobrevivência*. Logo as ideias de Darwin ganharam o campo das humanidades, adquirindo o rótulo de "darwinismo social", ou a luta do mais forte para prevalecer sobre o mais fraco.

O imperialismo europeu e sua "missão civilizadora" para o progresso, que levou à eliminação ou subjugação de nações "inaptas", como as comunidades da África, Ásia e América Latina, sustentava-se nessa ideia. Hoje esse conceito de darwinismo social legitimaria a conceituação dos chamados Estados falidos (*failed states*).

Ao estudar os sistemas econômicos históricos, Marx concluiu que o modo de produção, formado pelas forças produtoras e pelas relações de produção, determinaria a superestrutura social, formada pelas instituições políticas, o direito, a moral, a religião, as artes etc. A base econômica influenciaria a estrutura social, enquanto o modo de produção dominante criaria as estruturas do sistema internacional.

Segundo Marx, desse fato derivavam relações de exploração e de dominação da burguesia mundial sobre a classe proletária universal. Essas relações de exploração e de dominação seriam facilitadas pela convergência de interesses em uma espécie de aliança tácita entre a burguesia mundial e as elites dos países periféricos.

Marx trabalha então com o método dialético, caracterizado pela contraposição entre dois argumentos conflitantes, e com o estudo da sociedade como um todo. Além disso, debruçou-se sobre a função e expansão do sistema capitalista, enfocando o conflito de classes gerado pela modernização das sociedades, as trocas comerciais entre mercados de diferentes países, o uso do trabalho e outros meios de produção nas mãos de empreendedores privados; o cerne da preocupação marxista era a exploração da maioria pela minoria.

Outra figura importante nessa linha de pensamento foi Vladimir I. Lênin, que se dedicou a explicar a exploração dos países menos desenvolvidos, que viriam a ser conhecidos como terceiro mundo ou periferia do sistema internacional. Essa seria a causa fundamental da guerra entre Estados avançados, ou seja, o controle das economias por oligopólios e monopólios estrangeiros preocupados em criar e ampliar mercados externos. Nesse sentido, o imperialismo, como o mais alto estágio de desenvolvimento do modo de produção capitalista, seria inevitável.

Marx influenciaria tanto socialistas como liberais. Rosa Luxemburgo discutiu a diferença entre revolução e reforma como meios de transformação da realidade. Enquanto para os marxistas a revolução seria a verdadeira maneira de transformar a sociedade, a reforma seria um subterfúgio, um meio inadequado de mudança, pois estabelecia compromissos do governo com a burguesia. As práticas e políticas reformistas se tornariam muito comuns na Europa com a chegada ao poder dos partidos social-democratas de centro-esquerda.

O economista liberal britânico John Hobson estudou o imperialismo como resultado de uma divisão hierárquica do trabalho entre regiões ricas e pobres do mundo, apontando como principais problemas do capitalismo a superprodução, o subconsumo e o excesso de poupança. A solução para essa tendência inata ao modo de produção dominante estaria em investir o excedente na periferia do sistema, e sua consequência principal seria a competição entre nações em franca expansão industrial (como aconteceu com a Alemanha e a França), transbordando em conflitos e guerras imperialistas.

1.6 O advento do século XX

1.6.1 Sir Norman Angell (1872-1967)

O principal axioma da política internacional no fim do século XIX dizia que a estabilidade financeira e industrial de cada nação, sua segurança no campo comercial – em suma, sua prosperidade e bem-estar – dependiam da aptidão de um Estado para defender-se contra os ataques dos outros países.

O padrão de pensamento vigente na época defendia a guerra pelo ponto de vista econômico, ao vislumbrar lucros com o confisco, o controle de rotas de comércio exterior e a absorção da força militar de outro Estado. Além disso, identificava possibilidades de ganhar indenizações e a posse de colônias. Outro ponto de vista, o psicológico, justificava a guerra pela própria natureza humana, pérfida e conflituosa, e também por aspectos emocionais como orgulho, vaidade, virtuosismo, ostentação e prestígio, que inevitavelmente levariam o homem à guerra. Da mesma forma, decisões eram tomadas para garantir que os custos de conflitos, de perdas territoriais e de colônias incidissem sobre outros países – normalmente os perdedores, que deveriam compensar os vencedores por meio de indenizações.

Ícone do pensamento idealista, Ralph Norman Angell Lane, depois Sir Norman Angell, publicou em 1910 sua obra principal, *A grande ilusão*, como uma crítica ao seu tempo. Angell inspirou-se em vários pensadores clássicos, dentre eles Richard Cobden (1804-1865).

Cobden, em seu *Discursos sobre paz, reforma financeira, reforma colonial e outros assuntos* (1849), procurou separar a esfera econômica da esfera estatal, tratando-as como realidades autônomas. Em suas análises sobre o internacional, via a esfera econômica como a integração funcional de diferentes setores da realidade, abrigando as relações contratuais e facilitando a maximização do bem-estar e da utilidade. O utilitarismo partia do pressuposto de que a noção de valor estava associada a sua utilidade e à possibilidade de ampliar o prazer humano em detrimento da dor. Já a esfera política se relacionaria ao poder e à soberania do Estado, ao exercício excludente de uma autoridade que tem como função principal vincular os indivíduos e garantir os contratos.

Norman Angell resgatou essa noção da dissociação das esferas de ação humana (econômica e política) e analisou as questões internacionais sob o prisma da maximização da riqueza e utilidade. Na esfera econômica, os indivíduos teriam maior possibilidade de crescer pela lógica de integração funcional dos mercados e pela divisão social do trabalho, o que respaldaria a complementaridade das economias nacionais, promovendo interações e vínculos positivos. Assim, os vínculos pessoais gerados pelas interações econômicas entre os indivíduos se desdobrariam em um "dividendo da paz".

Angell criticou duramente o sofisma da indenização, pois acreditava que o valor nominal de toda indenização monetária ficaria sujeito a um grande desconto devido às dificuldades práticas de pagar e receber, inevitáveis em quaisquer circunstâncias. Um exemplo disso foi a incapacidade alemã de honrar suas dívidas com a França após a Grande Guerra.

Assim, a crítica idealista ganhava contornos ao desvelar a irracionalidade econômica da guerra, que conduziria a gastos absurdos e sem retorno prático à sociedade. Apontava ainda que o poder militar era fútil para a esfera social, que as conquistas econômicas (mediante confisco) levariam à ruína do conquistador. Por isso, recomendava-se a extrema prudência orçamentária.

A ignorância humana, como tratava Kant, seria responsável pelos males de toda a humanidade. Angell, e outros idealistas antes e depois dele, acreditavam na modificação da conduta humana, especialmente pela educação e esclarecimento, o que geraria novas percepções e ideias que levariam à criação de instituições voltadas para a manutenção da paz e da estabilidade dentro e fora dos Estados.

O problema da humanidade residia na esfera política, também chamada de "reino da histeria", local onde se acionavam processos emocionais de amor, ódio e exclusão, que nada tinha que ver com a maximização dos interesses. Não tendo mais explicações para certos atos, alguns homens de Estado utilizariam diferentes justificativas para encobrir atos escusos e pérfidos, como a ideia de patriotismo ou a tese do darwinismo social.

As principais contribuições da agenda idealista foram as discussões sobre os motivos das guerras, a nascente interdependência econômica como fenômeno internacional e as transformações operadas pelas mudanças técnicas e tecnológicas, além dos laços pacíficos constituídos pelos dividendos da paz.

A guerra era fruto de determinações políticas e, por isso, passível de ser sumariamente criticada; para os idealistas não existiriam vencedores, uma vez que as sociedades prefeririam a paz para poder comerciar. Ademais, a guerra era vista como algo irracional, pois levaria ao dispêndio de recursos econômicos que poderiam ser utilizados em outros setores. Nesse caso, a "grande ilusão" a que se refere Angell seria a aceitação por parte da opinião pública de uma guerra promovida e imposta à sociedade pelos homens de Estado. Esse ponto de vista fortaleceria a perspectiva kantiana segundo a qual somente a educação salvaria a sociedade dos excessos da esfera política.

De forma geral, o pensamento idealista tecia críticas ao equilíbrio de poder, à ênfase na ideia da segurança coletiva, à possibilidade de neutralizar a anarquia e à hegemonia das grandes potências nas relações internacionais. Por outro lado, confiavam no consentimento comum (especialmente em relação à segurança coletiva entre os Estados), no papel transformador da educação dentro do Estado e na importância da institucionalidade como veículos para se alcançar paz e prosperidade.

O idealismo considerou razões de ordem espiritual e material motivos das guerras, compreendendo assim a agressividade intrínseca à natureza humana, o fator de proteção e restauração da saúde das sociedades, a ativação do elemento econômico e o poder de silenciar agitações revolucionárias.

O universo ideal subsistiria na intersecção entre a esfera econômica, onde se harmoniza os diferentes interesses por leis, como a da oferta e da procura ou das vantagens comparativas, e a esfera política, onde se estabelecem e mantêm os contratos sob a égide do Estado de Direito. Por fim, cabe destacar que o conceito de "dividendos da paz" se refere aos vínculos pessoais gerados pelas interações econômicas entre os indivíduos que tendem a estimular a interdependência, promovendo relações pacíficas entre as nações.

Questões para discussão

1. Qual a relevância do estudo dos textos clássicos para as Relações Internacionais?
2. Compare e contraste o pensamento de alguns autores clássicos quanto a conceitos como poder, soberania, equilíbrio de poder, paz e guerra.
3. Procure entender algum evento atual, como uma guerra, uma crise econômica ou um processo de integração regional com base no pensamento clássico das Relações Internacionais.
4. Como explicar a lógica do "darwinismo social" nas Relações Internacionais de hoje?
5. Faça uma lista alternativa de pensadores clássicos que teriam algum tipo de influência na formação do pensamento em Relações Internacionais.
6. Monte um grupo de discussão, formado por debatedores e um mediador. Atribua a cada debatedor o papel de um pensador clássico e imagine que todos os pensadores clássicos estejam vivendo em uma mesma época. Escreva um roteiro ou um termo de referência que envolva os principais temas de relações internacionais: guerra, paz, negociações, alianças etc. e estabeleça um debate no qual cada aluno deverá defender as ideias do pensador que representa.

Para saber mais

ANGELL, Norman. *A grande ilusão* (prefácio de José Paradiso). Brasília: UnB/IPRI/; São Paulo: Imprensa Oficial do Estado de São Paulo, 2002.

CLAUSEWITZ, Karl Von. *Sobre a Guerra*. São Paulo: Martins Fontes, 1996.

FUNAG - Instituto de Pesquisa em Relações Internacionais; Centro de História e Documentação Diplomática . Disponível em: <http://funag.gov.br/biblioteca>.

GRIFFITHS, Martin. *50 grandes estrategistas das Relações Internacionais*. São Paulo: Contexto, 2004.

HOBBES, Thomas. *Leviatã*. São Paulo: Martin Claret, 2002.

MAQUIAVEL, Nicolau. *O príncipe*. São Paulo: Martin Claret, 2002.

MORE, Thomas. *Utopia* (prefácio de João Almino). Brasília: UnB/FUNAG/IPRI, 2004.

NOGUEIRA, Octaciano. *Introdução à ciência política*. Brasília: Senado Federal, 2006.

RIBEIRO, Renato Janine. Disponível em: <http://www.renatojanine.pro.br/>.

ROUSSEAU, Jean-Jacques. *Rousseau e as Relações Internacionais*; Prefácio: Ge1son Fonseca Jr. São Paulo: Imprensa Oficial do Estado, 2003.

SAINT-PIERRE, Abbé de. *Projeto para Tornar Perpétua a Paz na Europa* (prefácio de Ricardo Seitenfus). Brasília: UnB/IPRI; São Paulo: Imprensa Oficial do Estado de São Paulo, 2003.

VATTEL, Emmerich de. *O Direito das Gentes* (prefácio e tradução de Vicente Marotta Rangel). Brasília: Unb/IPRI, 2004.

Capítulo 2

DAS ORIGENS À CONTEMPORANEIDADE

Neste capítulo, o leitor encontrará uma discussão sobre a evolução das relações internacionais a partir da sua dimensão histórica para sua dimensão analítica. Também aprenderá quais são os elementos identitários das Relações Internacionais, que fazem parte da realidade internacional e levam à conformação de um perfil acadêmico próprio – como a multidisciplinaridade, o peso da história, o desejo de autonomia científica, a globalidade, a contínua evolução e a dualidade interno-internacional. Por fim, são apresentadas as principais tendências da contemporaneidade das RI.

2.1 A longa evolução histórica

As origens modernas da ciência das Relações Internacionais remontam aos séculos XV e XVI, momento em que houve considerável acréscimo dos contatos políticos, estratégicos, militares e comerciais entre as comunidades organizadas em diferentes localidades geográficas do globo. No mesmo período ocorreu a ampliação dos horizontes de reflexão, pensamento e produção do conhecimento, que auxiliariam na constituição do mundo em que vivemos na atualidade. Boa parte da humanidade viveu este contexto de progressiva e regular expansão, mas não esteve incólume às desigualdades e assimetrias que marcariam a sociedade internacional por séculos.

2.1.1 Um mundo sem fronteiras

Os séculos XV e XVI são largamente conhecidos como a época das grandes navegações, capitaneadas por vários povos europeus, principalmente os ibéricos (portugueses, aragoneses e castelhanos – em 1492, as coroas de Aragão e Castela se uniriam para formar a Espanha) e os italianos (venezianos, genoveses, florentinos e milaneses).

Desde o começo do século XV, a partir de um centro náutico estabelecido pela família real portuguesa e localizado em Sagres, cidade situada na província do Algarve, homens de várias regiões trocavam constantemente informações sobre navegação, comércio, diplomacia, conflitos e costumes de povos distantes – entre outros assuntos.

Com essas informações, Portugal passou a ter um conhecimento maior sobre o oceano Atlântico, refletido na descoberta progressiva de novas terras; no final do século XV, o país atingiu o oceano Índico. Outras comunidades seguiriam os navegadores portugueses e suas descobertas, como espanhóis, franceses, ingleses e holandeses.

No século seguinte, povos de todo o mundo (com exceção da Oceania) estabeleceram entre si processos constantes de contatos, especialmente econômicos. Eis, por um lado, o distante prenúncio do atual processo de globalização, e, por outro, a consciência dos limites geográficos da Terra.

Com a constância das viagens marítimas por todo o planeta, uma visão diferente de mundo se apresentou aos governantes, militares, diplomatas, religiosos e acadêmicos. Diante de tal situação, novas análises realmente se fariam necessárias.

O quadro intelectual da Idade Média, baseado em uma análise essencialmente religiosa fundamentada no cristianismo, não era mais suficiente para compreender a realidade cada vez mais extensa e, por conseguinte, complexa. Amadureceu-se gradativamente a convicção de que haveria uma dualidade de conhecimento no mundo: uma vinculada à natureza física, e outra vinculada à natureza dos homens e de teor espiritual; uma conectada à matéria, outra ligada à mente.

Dessa forma, amadureciam-se as condições fundamentais para duas maneiras básicas de estudo do mundo: ciências naturais e ciências humanas. O objetivo das ciências naturais era a identificação das leis de funcionamento dos fenômenos da natureza, acima das barreiras do tempo e do espaço e de impedimentos ou restrições dispostos por considerações de ordem moral ou religiosa.

Quanto às ciências humanas, ainda havia dúvidas sobre em quais bases se assentariam suas premissas e, por conseguinte, suas análises. Aos olhos dos praticantes das ciências naturais, a mera substituição da teologia pela filosofia havia sido insuficiente para o entendimento do mundo, dado que muitas de suas afirmações categóricas não podiam ser demonstradas, ou seja, testadas a todo instante. Desse modo, elas seriam proposições axiomáticas ou apriorísticas.

Assim, firmou-se uma hierarquia entre as duas visões de análise do mundo, até em função da ausência de resultados visíveis ou práticos no caso das ciências humanas. Nas ciências naturais, adveio a ambição de "controlar" a natureza a fim de satisfazer necessidades cotidianas de poder, como na área militar e de bem-estar.

As pesquisas eram efetivadas nas academias (como a academia de medicina) ou nas escolas (a exemplo das escolas de engenharia), separadas das universidades e consideradas insuficientes para proporcionar conhecimento aplicável, isto é, positivo no curto prazo.

Para tanto, de quando em quando, os cientistas dessas áreas tentam modificar a própria natureza, ao não aceitar suas características habituais. Esse posicionamento ainda persiste; pode-se considerar, por exemplo, a energia e sua obtenção – do uso do carvão à energia nuclear –; os alimentos – dos produtos tradicionalmente orgânicos aos organismos geneticamente modificados –; e mesmo a vida – da cura das pessoas à possibilidade de clonagem de humanos.

Entra-se na chamada era antropocena, na qual a ação humana, por gerações, tem produzido alterações constantes no meio ambiente, gerando detritos que não foram normalmente absorvidos pela natureza, como o lixo nuclear. Em consequência, permanecem incertezas quanto ao futuro da própria humanidade, por exemplo, a respeito das mudanças climáticas, que não encontram consenso na comunidade científica, e de outras interferências de que não se conhecem plenamente os efeitos biológicos para o ser humano ou para seu meio circundante.

Entre o final do século XVIII e o início do século XX, governantes de diferentes regiões viram-se diante da necessidade de entender o funcionamento das transformações operadas no mundo, o que estimulou o processo de renovação das universidades. O objetivo era compreender as novas e significativas movimentações políticas daquele momento: as revoluções nas colônias, a exemplo daquelas ocorridas nos Estados Unidos (1776) e no Haiti (1804), e aquelas ocorridas na metrópole – como a Revolução de 1789 na França.

Os governantes precisavam buscar de modo ordenado uma compreensão de tais acontecimentos e a alternativa foi recorrer às humanidades, em busca de um entendimento acima de particularidades locais, nacionais ou regionais. A necessidade de desvendar leis sociopolíticas, de caráter universal, fez que as universidades, em vista de uma interdisciplinaridade latente, porém desprezada, fossem valorizadas novamente.

No entanto, o século XIX assistiu à fragmentação do saber universitário, por se acreditar que a divisão da realidade na pesquisa e no ensino propiciaria melhor compreensão dos fenômenos humanos. Diante das transformações radicais que caracterizaram o fim do Antigo Regime – marcado pelo absolutismo na política e pelo mercantilismo na economia –, urgia descobrir os mecanismos pelos quais isso havia ocorrido.

Após esse ponto de partida, a segunda tarefa era tentar prever os eventos políticos e econômicos considerados negativos (isto é, revolucionários) para reunir esforços a fim de impedir sua realização, caso fosse necessário. De todo modo, a transição era inevitável, visto que o poder dos governantes passaria a emanar da vontade popular, e não mais da manifestação divina.

Com o objetivo de recuperar a unidade social e política de um determinado país, houve a necessidade de recompor a narrativa histórica nacional, outrora baseada em homens de Estado – reis, militares e diplomatas – ou famílias/dinastias que ficaram no poder por longo período. Como consequência, o povo passaria a estar no centro político-econômico de um país, agora Estado-nação.

As fontes da nova narração encontravam-se nos arquivos, e por eles estabelecer-se-iam as características das nacionalidades, sempre distintas das demais. Assim, o povo francês seria distinto do inglês, que por sua vez seria diferente do russo etc. Com isso, dava-se vazão à construção das identidades nacionais, pela conjunção de fatores políticos, demográficos, econômicos e sociais que representariam o país em suas relações internacionais.

Entretanto, os arquivos não continham toda a fonte da verdade. Em vários casos, correu-se o risco fácil de desaguar no estereótipo, de feitio negativo; porém, o real propósito dos governantes e dos intelectuais havia sido mesmo o de particularizar cada comunidade, a fim de justificar as próprias considerações de poder perante as outras. Diferentes imagens sobre os países e seus povos seriam geradas, o que traria impacto para as relações internacionais.

Não somente aspectos materiais – fundamentalmente militares e econômicos – serviriam para afirmar a superioridade de um povo sobre outro, mas também tópicos espirituais/imateriais vinculados à cultura – filosofia, música, literatura, pintura e, mais tarde, desempenho esportivo.

Enfim, discussões sobre identidades e imagens internacionais fazem parte da essência das relações internacionais e estão contidas na própria evolução da dimensão histórica de seu campo.

2.1.2 Primeiras sistematizações

O interesse pelos fundamentos das relações internacionais ocorreu paralelamente à evolução da dimensão histórica e de modo isolado: indianos, chineses, gregos, egípcios, persas, hebreus e romanos manifestaram preocupações genéricas com a guerra e a paz.

Porém, as primeiras tentativas de sistematizar o conhecimento acerca da política internacional originaram-se no final da Idade Média, em decorrência da desarticulação do projeto de unificação cultural do continente sob a perspectiva predominantemente cristã – de início havia, de um lado, o centro espiritual, representado pelo Papado; de outro, o secular, invocado pelo Sacro Império Romano-Germânico.

Na primeira metade do século XV, a configuração do poderio no continente alterava-se bastante: na península ibérica, Portugal lançava-se com êxito à navegação de larga extensão e bordejava a África e as ilhas atlânticas – Madeira e Açores –, enquanto Castela e Aragão – que no fim daquele mesmo século tornariam-se a Espanha – expulsavam os muçulmanos, presentes na região desde o início do século VIII.

França e Inglaterra preparavam-se para estabelecer uma trégua, após pouco mais de um século de conflito – a chamada Guerra dos Cem Anos (1337-1453); a Áustria assumia a liderança da maior parte da Europa Central, passando a controlar também o Sacro Império Romano-Germânico; as cidades-estados no norte da península italiana amadureciam a prática do capitalismo e aventuravam-se comercialmente – e com desenvoltura – no Levante (correspondente à parte do atual Oriente Médio) e na China.

No restante do território europeu, a União de Kalmar, ou seja, a unificação das coroas da Escandinávia – Suécia, Noruega e Dinamarca – perdurava já por muito tempo; por último, cabe citar a Rússia, que se fortalecia a partir de Moscou e expandia-se territorialmente em detrimento do Canato da Horda de Ouro, sucessor principal do império mongol.

No novo cenário, estadistas e acadêmicos refletiam a todo momento sobre a maneira mais conveniente de assegurar a paz por longo tempo. Com tal intento, reliam muito os clássicos, especialmente aqueles relacionados à história da Grécia e de Roma, com o propósito de melhor compreender as possíveis causas de conflitos.

Assim, eles tentavam, de modo incessante, identificar os principais motivos da instabilidade política e econômica ao longo de inúmeras gerações, para que eles mesmos pudessem evitá-la.

Os estudiosos localizavam esses motivos ora nas ações dos homens de Estado, observadas como fruto de um comportamento irrefletido ou temerário, ora nos tipos de regimes políticos – tirânicos ou demagógicos. Também olhavam para os aspectos econômicos, invariavelmente esbanjadores ou muito desiguais, e para a própria estrutura do sistema internacional, inadequada para manter o equilíbrio de poder por muito tempo, já que em sua composição havia (alguns) países desproporcionalmente mais poderosos que os demais.

Diante do aprofundamento dos contatos entre povos e da disseminação do conhecimento, por meio da descoberta da prensa móvel por Johannes Gutenberg (1439), o mundo tornou-se mais alabirintado. Com isso, políticos e filósofos dedicaram-se a formular normas de comportamento para governantes, delinear processos político-econômicos para nações recém-constituídas ou unificadas e sugerir regras para o convívio entre as diferentes sociedades.

2.1.3 As origens do campo científico

A partir daí, realizaram-se várias tentativas de sistematização teórica sobre a realidade internacional. No entanto, até o século XX, nenhuma delas havia se cristalizado em uma dimensão analítica que se valesse de algumas características importantes, como a multidisciplinaridade.

A Primeira Guerra Mundial, ocorrida entre julho de 1914 e novembro de 1918, proporcionou à Europa e a seus vastos territórios ultramar a maior devastação de sua história até aquele momento, e ainda seria responsável por engatilhar uma vontade de sistematização mais coerente dos estudos e análises sobre o internacional.

De modo sintético, cabe destacar que as potências europeias possuíam dois tipos de possessões: a colônia, uma área onde a população local, se existente, se subordinava politicamente à vontade da metrópole (ou seja, era desprovida de autodeterminação e, portanto, de soberania); e o protetorado, um território onde havia parcialmente a soberania, embora na prática fosse desprovido de autonomia na política externa e militar.

A tragédia desencadeou na opinião pública mundial o desejo de impedir o surgimento de outro conflito de proporções similares; assim, urgia a todos os países a tarefa imperativa de assegurar de maneira duradoura a paz.

No campo prático, efetivaram-se duas medidas: celebraram-se tratados de paz de modo individual entre os países vitoriosos (Estados Unidos, Grã-Bretanha, França, Itália etc.) e os derrotados (Alemanha, Áustria-Hungria, Império Otomano e Bulgária), com o objetivo de conter eventuais aspirações de poder – isso significou a todos eles redução territorial e diminuição dos efetivos militares. Como resultado, instituiu-se a Liga das Nações, uma organização internacional cuja principal responsabilidade seria impedir o surgimento de confrontos "injustos"; na prática, as guerras ofensivas.

Além das iniciativas diplomáticas, que visavam à paz como efeito imediato, os vencedores, especialmente Estados Unidos e Grã-Bretanha, dedicaram-se a estimular a participação da sociedade em setores das universidades ou centros de pesquisa e de análise – os chamados *think tanks* – compostos por acadêmicos, diplomatas, militares, industriais, políticos e jornalistas, entre outros.

O propósito de todos esses esforços foi debater de maneira permanente os assuntos mais relevantes da política internacional – naquele momento, consideraram-se no topo da pauta os fatores causadores da guerra e da paz.

Todavia, outros temas também foram destacados, como o status das antigas colônias dos perdedores; a recuperação econômica da Europa; a Guerra Civil na Rússia, com a tentativa de implementar de forma revolucionária o comunismo; a autodeterminação para os povos da Europa Central e do Leste, outrora pertencentes aos extintos impérios otomano e russo; o direito irrestrito de navegação nos mares e o livre-comércio, ao menos na faixa norte-atlântica.

O resultado das preocupações, materializado em reuniões e debates contínuos, foi o estabelecimento dos departamentos ou dos institutos de relações internacionais, oriundos, em maior ou menor escala, das unidades de Ciência Política, Sociologia, História e Direito.

Paralelamente, houve a especialização – ou mesmo a instituição – de determinados centros de pesquisa e de análise em política mundial, como o Hoover Institution on War, Revolution and Peace, de 1919, ou o Council on Foreign Relations, de 1921.

Com o passar do tempo, ambos os locais incorporaram à rotina administrativa, de modo definitivo, várias atividades com a finalidade de proporcionar à opinião pública de seus países melhores condições de compreensão da realidade mundial.

Assim, além da criação de cursos regulares de graduação – o primeiro deles estabelecido na Universidade de Aberystwyth, em Gales (1919) – e, posteriormente, de pós-graduação, estabeleceram-se de maneira contínua seminários, publicações especializadas – algumas das quais existentes até hoje, como a *Current History*, publicada desde 1914, ou a *Foreign Affairs*, desde 1922 –, livros e pesquisas.

Um dos motivos dessa maior especialização do conhecimento na política mundial foi a necessidade de uma perspectiva de longo prazo e de maior independência na compreensão de fenômenos internacionais, nem sempre possíveis na esfera político-partidária ou burocrática, em decorrência do calendário eleitoral.

2.2 A identidade do campo das Relações Internacionais

2.2.1 Multidisciplinaridade

A contemporaneidade da disciplina de Relações Internacionais advém do fato de ela congregar em torno de si, sem uma ordem hierárquica definida, elementos da história, sociologia, antropologia, politologia, economia, direito, filosofia, geografia, psicologia, letras, administração, demografia e estatística, entre outros campos do saber. Desse modo, há a sustentação da multidisciplinaridade.

A princípio, o objetivo primordial das unidades acadêmicas de relações internacionais e dos centros de pesquisa e análise seria, diante do desenrolar cotidiano dos acontecimentos internacionais, atender o interesse público, por ser este de caráter universal – por isso, houve o esforço constante de buscar independência administrativa perante governos, corporações multinacionais, organismos internacionais, sindicatos, entidades religiosas e partidos políticos.

Contudo, destaque-se que nem sempre isso foi possível, uma vez que a arrecadação provinda de mensalidades e atividades acadêmicas – comércio de revistas, livros e seminários –, ou ainda de licenças de marca ou de aluguel de auditórios ou de equipamentos, entre outras medidas, é visivelmente insuficiente. Dessa maneira, utiliza-se de modo recorrente o expediente de complementar o orçamento exatamente junto aos atores anteriormente apontados – governos, corporações etc.

Uma derivação importante da convergência dos estudos de relações internacionais foi a afirmação da multidisciplinaridade; com isso, suspendeu-se uma antiga tendência de fragmentação dos diferentes segmentos do conhecimento.

Acrescente-se que o pesquisador de RI pôde adensar seus estudos ao valer-se das inúmeras colaborações metodológicas e conceituais dos outros segmentos das ciências humanas. Assim, percebe-se que a gradativa incorporação dessas contribuições distintas possibilita ao profissional de RI amadurecer quantitativa e qualitativamente a compreensão acerca das questões mais candentes de seu campo de estudo.

2.2.2 O peso da história

De modo geral, acadêmicos, diplomatas e militares da área norte-atlântica recorriam mais ao direito e à história. Mencione-se, porém, que isso não era exclusivo do eixo euro-norte-americano. Para tanto, basta citar que o patrono da diplomacia brasileira, o Barão do Rio Branco, além de titular do Ministério das Relações Exteriores (1902-1912), foi também historiador.

Até aquela época, a utilização da história derivava do desejo de se fixar de maneira definitiva a identidade de uma comunidade a um território específico, o qual seria assim considerado o local "natural" de um povo, por ali ter vivido centenas ou mesmo milhares de anos – como os bascos no norte da península ibérica, ou os irlandeses na Grã-Bretanha.

Por meio do emprego da história, buscou-se identificar um conjunto de traços característicos de uma comunidade perante outras – idioma, vestuário, alimentação, arquitetura, religião e regras comportamentais, entre outros aspectos. Dessa forma, apontou-se a necessidade de cunhar a ideia de nação, ou melhor, do Estado-nação, entidade singular na sociedade internacional.

Portanto, a história serviu de base à crescente ideologia do nacionalismo e, por conseguinte, da autodeterminação dos povos em oposição à manutenção de países multinacionais, ou seja, impérios: e pode-se citar a existência de vários dentro da própria Europa, como o austríaco, o britânico, o russo e o otomano, estes três com vastas extensões de terra em outros continentes.

Na década de 1920, observou-se a emergência ou a consolidação de vários regimes políticos no horizonte internacional: a democracia, o comunismo e o nazifascismo. Nenhum deles interpretava os fenômenos globais da mesma maneira. Naquela época, a política externa de cada um deles serviu para a sustentação de projetos de poder bem dessemelhantes.

Os democratas tinham a ideia de uma reconciliação ampla após a imensa catástrofe da Primeira Guerra Mundial, amparada na utopia de uma organização global – a Liga das Nações. Ela seria encarregada de zelar pela paz, por meio da segurança coletiva, e organizar um permanente foro de debate entre os países-membros, discutindo os maiores problemas do planeta.

Sob a perspectiva democrática, incorporou-se a necessidade de aplicar, ainda que de modo gradativo, o instituto da autodeterminação, em decorrência da acelerada fragmentação das monarquias da Rússia, Alemanha, Áustria-Hungria e império otomano.

Apesar da valorização do conceito democrático, ele valeu na prática apenas para partes da Europa – leste e centro –, da África do Norte e do Oriente Médio. Destaque-se que a população das colônias afro-asiáticas não podia participar ativamente das discussões acerca de seu próprio destino, tendo de acompanhá-las como simples espectadora.

O objetivo da visão democrática foi impedir a irrupção de outro grande conflito militar. Seus principais representantes foram Estados Unidos, Grã-Bretanha e França. O Brasil, como muitos países da América Latina, encaixava-se no grupo apenas de maneira formal.

Já os comunistas contemplavam o projeto de uma extensa união internacional, a partir da irmanação de toda a classe trabalhadora, por sua vez escorada na possibilidade de uma execução sequencial de revoluções, começando pelas áreas mais costumeiramente industrializadas, como a Europa Ocidental.

Contudo, a Revolução Soviética (1917-1922) alterou a visão tradicional dos teóricos dessa tendência, pois a ruptura político-econômica foi efetivada em uma das regiões mais atrasadas do globo: a Rússia, até então um país pouco industrializado, considerando o tamanho de seu território e o número de sua população.

Os movimentos revolucionários seriam desdobrados de duas maneiras: na Europa e nas Américas, sob a liderança do operariado, especialmente na parte norte, ou do campesinato, na parte sul; na Ásia e na África, sob a condução das comunidades com *status* de colônia ou de protetorado.

Isolados, esses movimentos tinham como finalidade libertar da opressão socioeconômica um segmento social (trabalhadores ou colonizados) de outro (burgueses). Naquela altura, havia um único expositor na comunidade mundial da extrema esquerda: a União Soviética, impedida de compor a Liga das Nações, não obstante ser o país de maior extensão territorial do globo – que somente ingressaria na Liga das Nações em setembro de 1934.

Havia também os nazifascistas, que também tinham um ideário, mas não de uma harmonização entre vitoriosos e derrotados da Primeira Guerra Mundial, e sim de uma recomposição global de poder, assentada em nova disposição territorial, disciplinada, por seu turno, em torno de uma hierarquia de povos, na qual os europeus de ascendência nórdica ou germânica e seus descendentes estariam supostamente no topo. Porém, inicialmente o fascismo não havia acolhido a ideia de superioridade étnica entre nações.

O propósito havia sido materializar internacionalmente o poder advindo da condição econômica e militar no continente europeu. Anticomunistas e expansionistas, Alemanha e Itália foram os representantes mais importantes da extrema direita. O Japão se vincularia posteriormente a eles, com a confirmação oficial do eixo tripartite Roma-Berlim-Tóquio, em setembro de 1940.

A expansão dos extremismos políticos não afetou a continuidade de estudos sóbrios sobre a realidade internacional. Mais distantes do epicentro geográfico (Europa) e das ideologias mais à esquerda e mais à direita, menos influenciados pelo direito e pela história, os Estados Unidos desenvolveram a disciplina inspirados mais na politologia, muito próxima da sociologia. Dessa maneira, caminhava-se em solo americano a passos largos para a constituição de uma síntese analítica amadurecida dos fenômenos internacionais.

Antes da década de 1940, algumas das melhores universidades norte-americanas tinham influência de uma origem religiosa, normalmente de cunho protestante. Das oito constituintes da chamada Ivy League, o grupo da elite acadêmica do nordeste do país, apenas uma havia sido fundada sem aspirações confessionais – Cornell, em 1865. Até hoje, destacam-se bastante nas ciências humanas: Harvard (considerada sem dúvida a primeira do mundo), Yale, Princeton, Columbia, Brown, Pennsylvania e Darthmouth. Em seus quadros acadêmicos, figuram a maior parte dos nomes mais representativos das RI.

2.2.3 Autonomia do campo

A importância de distinguir nos estudos de relações internacionais a influência de uma disciplina principal decorre de uma necessidade metodológica, uma vez que cada campo do saber – como direito, história, politologia, geografia, sociologia, filosofia, economia, psicologia ou mesmo a teologia – tem uma forma específica de buscar a compreensão inicial dos fenômenos internacionais.

As Relações Internacionais constituíram-se como campo científico com a finalidade de afastar-se da história excessivamente descritiva e personificada, chamada tradicionalmente de diplomática; por meio dela, exaltava-se bastante a ação dos homens de Estado – diplomatas e militares – no desenrolar dos acontecimentos. Dessa forma, menosprezava-se o papel simultâneo de fatores econômicos, geográficos, psicológicos, jurídicos etc.

Ao mesmo tempo, intentou-se o distanciamento do formalismo meramente jurídico, por este centrar-se, no mais das vezes, no relacionamento entre países, tendo por consequência a desvalorização, ainda que involuntária, da relevante presença de outros atores como corporações multinacionais, organizações não governamentais ou mesmo organismos internacionais.

Portanto, uma das características identitárias mais importantes das RI é sua autonomia como campo do conhecimento.

2.2.4 A contínua evolução

Além da multidisciplinaridade, do peso da história e da autonomia, outra característica marca a identidade das RI: a contínua evolução – ou seja, os estudos, do ponto de vista teórico, conceitual e metodológico, refletem as inovações e transformações da política internacional.

No subcampo dos estudos estratégicos, por exemplo, anteriormente não se debatia os fundamentos da guerra preemptiva, conceito de certo modo desenvolvido pelos soviéticos nos anos 1960 e revivido pelos norte-americanos após o atentado terrorista de 11 de setembro de 2001. Há apenas 30 anos, não se discutia muito a importância de um eventual conflito cibernético entre países ou entre países e terroristas. Caso se retroceda um pouco mais no tempo, pode-se lembrar o emprego da energia atômica como arma de destruição em massa – há sete décadas tão-somente. Cabe lembrar também que há um século as potências europeias cogitavam a utilização de aviões com objetivos militares – em um primeiro momento, no reconhecimento dos pontos vitais do território adversário e, mais tarde, nos ataques quase indefensáveis a partir do solo.

Indo além das considerações militares de poder, registram-se outras questões importantes, incorporadas à pauta da sociedade internacional há poucas gerações, como o drama dos refugiados, que emergiu com a dissolução de impérios (russo, otomano e francês) e o desmonte do colonialismo, além das perseguições a determinados povos, como os armênios.

O meio ambiente é outro fenômeno para o qual mais recentemente se chamou a atenção da opinião pública. Após a Segunda Guerra Mundial, o Ocidente consolidou o modelo de consumo de massas, e embora a centenas de milhões de pessoas tenham sido adicionadas as benesses materiais, por outro lado o custo tem sido alto para várias regiões do planeta.

O aumento progressivo da poluição e a redução de algumas matérias-primas provocaram a conscientização de que a riqueza natural do planeta é limitada, indicando que todos os governos deveriam tratar disso de modo multilateral. Não adianta um determinado país preservar sua fauna e flora se um país fronteiriço não o faz. Observe-se o exemplo da pesca predatória nos oceanos ou o despejo de dejetos tóxicos nos rios de grande extensão.

A preocupação com todas as formas de segregação é relativamente nova. Remonta de forma mais significativa ao tempo do processo de descolonização afro-asiático, entre os anos 1950 e 1960, momento em que se superou o chamado darwinismo social, ou seja, a convicção de que havia uma hierarquia "natural" entre povos – o que havia auxiliado a legitimar ideologicamente a estrutura colonial e referenciou o nazismo durante a Segunda Guerra Mundial.

Os Estados Unidos, por exemplo, somente aboliram suas últimas leis racistas no final dos anos 1960, após intensa campanha dos movimentos de direitos civis, e somente em 1953 o país teve uma mulher em um cargo de primeiro escalão: Oveta Hobby, titular do Departamento de Saúde, Educação e Bem-Estar – equivalente a um ministério no Brasil.

Com isso, permitiu-se uma imigração mais ampla de povos não europeus para o país, e reforçou-se a visão institucional de que outros modos de discriminação deveriam ser combatidos. Evoque-se como exemplo de alteração de comportamento da sociedade o caso da própria presidência dos Estados Unidos: Barack Obama é filho de um médico muçulmano de Gana, e Joe Biden, o vice-presidente, é descendente de católicos da Irlanda – uma combinação política improvável há meio século na primeira potência do mundo.

A contínua evolução das instituições internas e suas adaptações às demandas políticas e sociais foi especialmente marcante no caso dos EUA. O reflexo natural seria o fortalecimento da "visão americana" de mundo, o americanismo, que contagiaria outros países e regiões.

2.2.5. Americanismo

Após o encerramento da Guerra Fria (1991), ocorreu uma importante alteração na política externa norte-americana, que deixou de ser equacionada de maneira equilibrada ao inclinar visivelmente sua atuação para três regiões: Oriente Médio, Sudeste da Ásia e Leste da Europa.

O resultado para os componentes do sistema internacional tem sido bem diverso: alguns países sentem-se mais desembaraçados e buscam posicionar seus interesses de modo regional, como Brasil, Índia, Japão, Alemanha e África do Sul, ou mesmo mundialmente, como a China, a fim de viabilizar outras opções exatamente por causa da presença dos Estados Unidos em sua região.

Além disso, irromperam confrontos adormecidos e tensões abafadas durante a Guerra Fria, especialmente no chamado Terceiro Mundo. Até mesmo a Europa abrigou uma luta encarniçada que resultou na fragmentação da Iugoslávia ("eslavos do sul") em muitos países – Sérvia, Bósnia-Herzegóvina, Croácia, Montenegro, Macedônia, Eslovênia e Kosovo – e em sua ocupação por tropas da Organização do Tratado do Atlântico Norte (OTAN).

A contínua transformação da realidade da política internacional ainda impactaria com abordagens renovadas e mais aguçadas os estudos em Relações Internacionais.

Com o fim da disputa ideológica entre Estados Unidos e União Soviética, propagou-se também a convicção de que todo o globo adotaria de maneira gradativa outra forma de comportamento político-econômico: a democracia neoliberal.

Esperava-se que na "nova ordem" a função de manter a estabilidade global fosse dos Estados Unidos, ainda que com o auxílio de organismos internacionais, como a Organização das Nações Unidas (ONU), a OTAN, o Banco Mundial, a OMC etc. Portanto, os últimos anos do século XX foram chamados de era *unipolar*, e os Estados Unidos definidos com o *adjetivo hiperpotência*.

Durante o segundo mandato de Bill Clinton (1997-2000), cunhou-se uma doutrina que respaldava a intervenção caso houvesse o reconhecimento da violação constante de direitos humanos em um país, como acontecia em uma guerra civil. Pela doutrina Clinton, a comunidade mundial deveria proceder à ação, mesmo que a autorização não proviesse de uma organização internacional. O primeiro local onde se aplicou o inédito posicionamento foi a antiga Iugoslávia, pois o governo do país. controlado pelos sérvios, foi acusado de genocídio no Kosovo, em desfavor dos albaneses muçulmanos lá residentes.

Com os ataques de 11 de setembro de 2001 a duas cidades norte-americanas, extinguiu-se a crença da inviolabilidade territorial dos Estados Unidos. O país foi alvo do terrorismo emanado não de um país, mas de uma organização transnacional, a Al-Qaeda, de caráter privado, fundamentada em uma interpretação extrema do Islã.

O efeito impactante de quase três mil mortes levou o governo norte-americano a buscar um país que pudesse receber sua maciça resposta militar, a fim de punir o sequestro dos aviões e o assassínio dos civis – e esse país foi o Afeganistão, escolhido pela ligação existente entre os talibãs afegãos e a Al Qaeda.

Além disso, questionou-se a prevalência estadunidense, que buscou o apoio da comunidade mundial e dependeria do suporte militar de outros países em sua investida sobre o Iraque (2003), efetivada sem a anuência da ONU e justificada pela existência de armas de destruição em massa no país médio-oriental. Em vez de aprofundarem as investigações mediante canais diplomáticos adequados, os Estados Unidos optaram pelo caminho militar, o que foi uma clara demonstração de menosprezo pela primeira via.

Pode-se afirmar que o poder demonstrado pelos Estados Unidos na política internacional tem relação direta com o desenvolvimento do conhecimento científico, técnico e tecnológico global. Nesse contexto, muitas ideias cunhadas nas universidades estadunidenses, como o "choque de civilizações", adquiriram maior relevo nos debates acadêmicos e políticos pelo mundo.

Em suma, delineou-se nas últimas décadas a asseveração de um mundo ocidentalista, de prevalência estadunidense, cujo impacto foi determinante em moldar a identidade da ciência das Relações Internacionais (RI).

2.2.6 Globalidade

Apesar da prevalência do americanismo nas RI, observa-se a existência de condições múltiplas de abordagens dos eventos internacionais em decorrência do surgimento de novos objetos e de novas ferramentas. Assim, a evolução da tecnologia de informação possibilitou um tratamento mais amplo na coleta e análise de dados, especialmente em decorrência do processo de globalização das relações entre as nações.

Com a crescente interdependência, não somente política e econômica, mas também cultural, em razão do progressivo avanço dos meios de transporte e das comunicações, nenhum país poderia isolar-se da conjuntura externa de maneira duradoura – nem mesmo o mais distanciado de todos atualmente, a Coreia do Norte. A era da globalização não permite mais essa aspiração utópica.

O processo de globalização não desembocou em um planeta menos desigual do ponto de vista material, e a despeito do otimismo inicial, um mundo sem duas superpotências não se tornou um local mais pacífico e menos injusto socialmente.

Com o objetivo de preservar ou de ampliar seus interesses, governos se valem das instituições multilaterais para conter as tensões e alcançar o consenso, a fim de solucionar problemas graves como ameaças ao meio ambiente ou diminuição de armamentos de destruição em massa.

Saliente-se que a diversificação existente na compreensão dos fenômenos globais gerou debates que se transformaram em desafios de diferentes intensidades para estudantes, professores e acadêmicos da área de relações internacionais.

Cabe então ao pesquisador de RI, no andamento de uma pesquisa, a responsabilidade maior de procurar a superação do limite sobre um tema. Em sua reflexão, novas observações sobre o objeto poderão ocorrer, estabelecendo-se outro marco sobre o entendimento de um acontecimento internacional. Assumir a globalidade como traço identitário fornece ao estudioso a chance de compreender a complexidade intrínseca às relações internacionais, considerando as múltiplas forças e variáveis em ação.

2.2.7 A dualidade interno-internacional

Outra característica identitária das relações internacionais é a interação da política externa com a interna. A política internacional, desenvolvida até algumas décadas quase que exclusivamente por Estados, tem adquirido outro contorno, com a participação crescente de outros atores, notadamente por meio de corporações multinacionais e de organizações não governamentais.

Além disso, não há uma hierarquia definida entre a política interna e a externa. Uma influenciará mais a outra, a depender do momento histórico. As diversas revoluções ocorridas entre o final do século XVIII e meados do século XX, por exemplo, modificaram em escala variada o funcionamento da política internacional. A Revolução Americana e a Francesa trouxeram consigo a ideia de democracia e da substituição do súdito pelo cidadão.

Como consequência da Revolução Americana, ocorreu uma guerra interoceânica, com o êxito dos Estados Unidos, os quais superaram a primeira potência do mundo na época, a Inglaterra. Isso influenciaria a aspiração das demais colônias ibéricas, que queriam conquistar também sua independência. Já no caso da Revolução Francesa, as monarquias absolutistas mercantilistas reagiram e entraram em guerra com a França por quase 25 anos.

No século XX, a Revolução Soviética determinou um novo equilíbrio ideológico no mundo e ainda daria origem ao período da Guerra Fria. A Revolução Cubana teve como contraponto político a emergência de várias ditaduras militares ao longo das décadas de 1960 e 1970, com apoio dos Estados Unidos, rivais ideológicos da União Soviética.

Por outro lado, cabe destacar que o número de países com os quais se faz fronteira pode contribuir para o cotidiano da política interna, em decorrência das características do funcionamento burocrático de um governo. Isso se reflete na distribuição do orçamento, isto é, na parcela destinada aos gastos com defesa, e na divisão do funcionalismo público, ou seja, no percentual de militares e diplomatas.

Na faixa norte-atlântica, o exemplo clássico é a comparação entre Estados Unidos e Grã-Bretanha e também entre Alemanha e França. Os primeiros, protegidos pela geografia até o advento da aviação e dos mísseis, desfrutaram de custos menores para sua segurança, e por isso necessitavam de efetivos militares menores. Os segundos, com vários vizinhos, mesmo sendo países poderosos precisavam investir mais na composição das Forças Armadas, quantitativa e qualitativamente. Desse modo, o peso político dos militares era tradicionalmente maior naquelas sociedades. Em muitos momentos, seguiam a recomendação da Roma antiga: se queres a paz, prepara-te para a guerra.

Em muitas situações recentes, a ação estatal tem sido limitada pelas ideias, como o neoliberalismo, que prega o desmonte do Estado, ou o regionalismo, que recomenda a constituição de blocos regionais e processos de integração. Da mesma forma, o ressurgimento da autodeterminação dos povos, em diversas regiões, como leste europeu, Ásia Central e África, mostram que o internacional afeta o ambiente doméstico.

Em toda a América Latina, a retomada dos movimentos de afirmação das comunidades indígenas passou a ser respaldada no ambiente internacional por uma Declaração da ONU (2007) e pela atuação de ONGs em favor do direito à autodeterminação dos povos indígenas.

Na região latino-americana, a modificação do comportamento econômico dos países recém-democratizados derivou da necessidade de solucionar várias questões como inflação, obsolescência tecnológica, dívida externa, ineficiência administrativa, deficiência da infraestrutura e insuficiência na saúde e na educação, além da extrema desigualdade social.

Por isso, implementou-se um conjunto de ideias geradas do aconselhamento de organismos internacionais, como o Fundo Monetário Internacional (FMI) e o Banco Mundial. De modo geral, boa parte dessas medidas de "desestatização" (redução do Estado) vinculava-se ao Consenso de Washington, expressão cunhada nos anos 1980 por John Williamson, funcionário do Banco Mundial e professor de economia da Pontifícia Universidade Católica do Rio de Janeiro, no final da década de 1970.

Em síntese, o conjunto de exemplos apresentados indica como as forças (ideias, valores, práticas e ações) promotoras de modificações no plano doméstico e no plano internacional teriam efeitos recíprocos na política interna e nas políticas exteriores dos diferentes países.

2.3 Visão geral sobre a contemporaneidade

A ordem internacional da contemporaneidade ficou marcada por alguns processos já existentes anteriormente, porém adormecidos: o declínio do poder dos Estados Unidos, a consolidação da China como potência econômica, a volta da Rússia como país de primeira ordem e a ascensão do terrorismo, não mais relacionado a uma circunscrição territorial como na época da Guerra Fria.

O século XXI testemunhou os Estados Unidos perderem parte do seu prestígio internacional ao envolverem-se em duas guerras desastrosas, o que também aconteceu devido à difusão do poder econômico e cultural para outras partes do mundo e a desconcentração de influência em agentes não estatais. Com isso, o país também perdeu espaço nas relações internacionais.

Outro processo marcante da contemporaneidade é a emergência do "resto", nas palavras de Fareed Zacarias, referindo-se aos grandes países da periferia como China, Rússia, Índia e África do Sul, que passariam a ter maior importância no xadrez político internacional.

Uma das potências que rivaliza com os norte-americanos é a China, por conta da dimensão de seus atributos de poder, especialmente territorial (recursos naturais) e demográfico (capacidade de consumo). Ainda que ela dependa das necessidades de consumo e investimentos de outros países, e não seja reconhecida como liderança política na vizinhança, é inegável o crescimento do peso chinês no mercado de *commodities*, como a energia, e na exportação de manufaturados, como automóveis e peças de informática. A singularidade da China a coloca como potencial hegemonia no futuro das relações internacionais.

No lado perdedor da disputa bipolar existe tão somente um país de peso, sucedâneo da extinta União Soviética: a Federação Russa ou, simplesmente, Rússia. O país se mantém no primeiro plano, porém restrito a assuntos militares, em virtude do arsenal nuclear e da tecnologia espacial, mas sem presença econômica ou cultural robusta.

Na América Latina, o único a sobressair foi o Brasil, mesmo envolto em suas adversidades históricas. Mesmo com uma presença econômica maior diante do crescimento da agroexportação, o país ainda precisa melhorar seus índices sociais em áreas como a educação e, também, definir o papel das Forças Armadas na sociedade brasileira para o presente século, haja vista a necessidade de defesa para preservar suas riquezas, como o pré-sal.

Ademais, a contemporaneidade seria marcada pela pulverização do poder entre diversos atores, ou o que Richard N. Haas chama de "a-polaridade", ou seja, a ausência de um polo definido de poder nas relações internacionais. De fato, é perceptível que organizações não governamentais, partidos políticos, sindicatos e outros atores participam mais ativamente das questões globais.

As várias edições do chamado Fórum Social Mundial (sediado anualmente no Brasil), por exemplo, apresentam um conjunto de alternativas políticas e econômicas ao modelo vigente no Fórum Econômico Mundial de Davos, na Suíça – existente desde 1971. Apesar de contar com a participação de dezenas de milhares de pessoas em seus encontros, ele não avançou na obtenção de apoio político para a efetiva implementação de suas diretrizes.

Outra tendência renovada na contemporaneidade foi a composição dos países em blocos. Apesar da grave crise acampada na porta da Europa desde 2008, que desencadeou um efeito dominó afetando Grécia, Itália, Espanha, Portugal, Alemanha e França, a União Europeia (UE), outrora Mercado Comum Europeu (MCE), permanece como importante ator internacional. O alcance do experimento integrativo europeu, pacífico em sua essência, transbordou do setor econômico para o político, social, cultural e militar, o que rendeu ao bloco uma identidade única nas relações internacionais.

Diante de problemas de maior monta, seus membros têm dificuldades para obter convergência no encaminhamento célere de soluções. Na prática, França, Grã-Bretanha e Alemanha têm de providenciar a saída para as questões mais embaraçosas, como as crises econômicas. Normalmente, esses países assumem a maior parte do custo financeiro e político para eliminar as pendências.

Na parte norte das Américas, os três países – Estados Unidos, Canadá e México – uniram-se anteriormente, sob o viés econômico, por meio do Tratado Norte-Americano de Livre Comércio (NAFTA), em janeiro de 1994. A ideia era estender a mesma conformação jurídica para todos os países do continente – com exceção de Cuba, por ser um regime comunista –, na constituição de uma área de livre-comércio das Américas (ALCA), mas que acabaria bloqueada por governos contrários, como o brasileiro e o venezuelano.

Na América do Sul, foi da reorientação das relações brasílico-argentinas que se desenrolou o processo de fundação do Mercosul. Primeiro em relação à questão de segurança, haja vista que ambos tinham projetos nucleares. Isto se deu por meio de trocas qualitativas e inspeções mútuas. Partiu-se, então, para o intercâmbio comercial em setores específicos como petróleo e trigo, para depois abranger outros, mas sempre em um sistema de equilíbrio dinâmico, ou seja, o fluxo de comércio deveria ser equiparado em um período aproximado de quatro anos.

Essa aproximação teve na diplomacia presidencial seu veículo principal. Os marcos da aproximação entre Brasil e Argentina foram: as Atas para Integração Brasileiro-Argentina (1985 e 1986); o Acordo de Integração, Cooperação e Desenvolvimento (1988); a Ata de Buenos Aires (junho de 1990); o Acordo de Complementação Econômica 14 (1990); o Tratado de Assunção (1991); e o Protocolo de Ouro Preto (1994), carimbando o Mercosul com personalidade jurídica do Direito Internacional.

Em 1995, o Mercosul inicia a montagem de um Acordo Quadro Interregional Mercosul-Comunidade Europeia, que abarcava a cooperação econômica e comercial, e visava à conformação de uma associação birregional. O acordo previa a liberação comercial nos setores agrícola, industrial, de investimentos, transporte, ciência e tecnologia. Além disso, previa a cooperação interinstitucional e a integração.

No dia 25 de junho de 1996, na cidade de San Luis, na Argentina, os países do Cone Sul se reuniram por ocasião da X Reunião de Cúpula do Mercosul. Nela ficou estabelecida, pelo Conselho Mercado Comum, a formalização da entrada do Chile ao Bloco como membro associado, com a assinatura do Acordo de Complementação Econômica Mercosul-Chile. No mesmo ano, em 17 de dezembro, na cidade de Fortaleza, Ceará, a XI Reunião de Cúpula acordou a assinatura de um termo de complementação econômica entre o Mercosul e a Bolívia, passando também esse país a ser membro associado do Bloco.

Em 16 de abril de 1998, os cinco países andinos e os quatro países do Mercosul subscreveram um acordo entre os blocos, que beneficiaria uma população de cerca de 300 milhões de habitantes com um Produto Interno Bruto de 1,2 bilhões de dólares. As negociações deveriam desenvolver-se em duas etapas: primeiramente, por meio de um Acordo de Preferências Tarifárias, que logo se completaria com um acordo de livre comércio propriamente dito, que entraria em vigência a partir do ano 2000.

Em agosto de 1999, o Brasil e a Comunidade Andina firmaram o Acordo de Complementação Econômica, como um primeiro passo até a criação da zona de livre comércio. Com o mesmo objetivo, CAN e Argentina firmaram acordo similar em 29 de junho de 2000. Também Uruguai e Paraguai se preparavam para negociar com os andinos. Assim, pode-se identificar a aproximação entre os países andinos e os países do Cone Sul, impulsionados principalmente pelas relações interblocos e pelo esquema 4+1 de relações Bloco-país.

Este processo ganhou fôlego com a elaboração de uma estratégia sistêmica calcada em quatro aspectos: a) oposição à ALCA; b) circunscrição da sulamericanidade como meio natural de atuação, a partir da Reunião de Presidentes de Brasília, em 2000; c) implementação do acordo de livre comércio Mercosul-Comunidade Andina; d) intensificação das relações com os países-membros da ALADI. Com relação a este último ponto, a ideia era ampliar a base mercosulina pela inclusão de novos estados associados que já mantinham relações com países do Mercosul por meio da ALADI.

Ao completar a sua primeira década de existência, o Mercosul dava sinais de fadiga. O multilateralismo negociador no Mercosul permitiu o encaminhamento de soluções para problemas de cooperação entre os quatro países-membros, mas não ensejou a redistribuição da capacidade de influência e decisão no processo negociador, restrito a Brasil e Argentina, o que emperraria a evolução do Bloco na medida em que surgissem problemas e desagrados aos interesses individuais de ambos os lados.

Na década de 1990, outro fenômeno marcou a trajetória do Bloco: ciclos invertidos de crescimento. Em sete dos dez anos de Mercosul, este foi o padrão observado (1991-93, 1995, 1998-2000). Destes, 1995, 1998 e 1999 responderam à instabilidade do sistema financeiro internacional., porém, por outro lado, o período de crescimento simultâneo (1996-97) não teria sido bem explorado para formar as bases da harmonização macroeconômica entre Brasil e Argentina.

Na Reunião Ministerial de La Paz, de 17 de julho de 2001, tratou-se do diálogo político entre as duas sub-regiões sul-americanas com o objetivo de ampliar a cooperação entre elas e avançar no processo de integração. Assim, a expansão do Mercosul continuou na direção andina. O Peru formaliza sua associação ao Mercosul em 2003 pela assinatura de um acordo de alcance parcial que previa sua participação na organização do espaço econômico ampliado para constituição de uma zona de livre comércio na América do Sul. No mesmo ano, o Bloco buscou promover a expansão do intercâmbio comercial recíproco e a aproximação comercial entre MERCOSUL e a República da Índia com o intuito de evoluir para uma Área de Livre Comércio.

Um espaço regional comum dependia de agendas concertadas, no âmbito econômico--comercial, e da convergência política, com objetivos e propósitos comuns. Em 2004, na XXVI reunião do Grupo Mercado Comum, em Puerto Iguazu, avançou-se na coordenação institucional do MERCOSUL com a Comunidade Andina de Nações visando fortalecer e projetar sua crescente vinculação. A atribuição do *status* de membro associado do Mercosul foi concedida ao Equador, à Colômbia e à Venezuela, pelo Conselho Mercado Comum na XXVI Reunião do, realizada em Puerto Iguazú, em 08 de julho de 2004. Logo, o aprofundamento denota a interconexão entre dois projetos regionalistas, um conessulino e outro andino, compondo um eixo sinérgico da integração sul-americana.

Vale lembrar que a realidade entre os dois blocos era contraditória no início da década de 90 do século XX, quando o Mercosul estava no auge de sua expansão, enquanto a CAN estava vivendo uma crise. Em seguida, verificou-se que à medida que a CAN tem se fortalecido o Mercosul vive rodeado de embates comerciais. Além do mais, a Comunidade Andina pode responder mais efetivamente aos problemas, como o da migração, pelo bom nível de coordenação entre os seus chanceleres.

As negociações com o Mercosul avançaram pela vontade política de inteirar a região como um todo. Um novo momento se abre para a expansão com a atração venezuelana e a disposição em reduzir as assimetrias internas. O maior engajamento da Venezuela nos assuntos sul-americanos foi evidenciado na reunião de presidentes do Mercosul, ocorrida em Punta Del Este em junho de 2003, quando Hugo Chávez acenou politicamente pela entrada de seu país no Bloco.

Outro avanço significativo se deu com a criação do Fundo para a Convergência Estrutural do Mercosul (FOCEM) em 2004, com o objetivo de promover o aumento da competitividade das economias menores e das regiões de menor desenvolvimento. O FOCEM visa recolher contribuições anuais não reembolsáveis dos quatro Estados-partes, em uma base proporcional de aporte de recursos (Brasil, 70%; Argentina, 27%; Uruguai, 2%; e Paraguai, 1%); e inversamente proporcional de benefício (Paraguai, 48%; Uruguai, 32%; Brasil e Argentina, 20%).

Em uma trajetória expansionista, o Mercosul de base platina, que já havia recebido como membros associados o Peru e a Bolívia, outorgou durante a XXIX Conferência do Mercosul em Montevidéu, no dia 9 de dezembro de 2005, à Venezuela o *status* de Estado associado em processo de adesão que, na prática, significava ter voz, mas não voto.

Uma vez que a Venezuela adotou o marco legal, político e comercial do Mercosul na metade de 2006, firmou-se o protocolo para converter-se em Estado associado, processo cristalizado pelo governo de Hugo Chávez em 4 de julho de 2006. Nesse novo momento, abriu-se importante debate sobre os impactos da entrada do vizinho bolivariano no Bloco, especialmente no que tange às características menos democráticas do governo Chávez.

A criação do Parlamento do Mercosul, em substituição à Comissão Parlamentar Conjunta, as iniciativas culturais (cinematográficas, artísticas em geral, bem como a institucionalização de encontros de alto nível) e educacionais (intercâmbio de estudantes e conformação de redes de pesquisadores) pontuaram outra faceta do Bloco e deram ânimo à sua trajetória persistente.

Malgrado as enormes dificuldades de harmonização dos quadros legislativo e institucional, que tem ficado a critério dos países e seus interesses internos, em 2010, o comércio intrabloco alcançou a impressionate cifra de 45 bilhões de dólares, o que valorizou o Mercosul como um Bloco de poder internacional e como uma plataforma estratégica para seus componentes.

Mais recentemente, aconteceu a incorporação jurídica da Venezuela ao Mercosul, em 13 de agosto de 2012, sob circunstâncias polêmicas: após a suspensão temporária do Paraguai do Bloco. De toda forma, o sentimento era de que se tratava de um processo inevitável e que cedo ou tarde se concretizaria. Para tanto, concorreram alguns fatores: superou-se a oposição dos grupos presentes nas sociedades sul-americanas contrários ao projeto bolivariano, driblaram-se as restrições ideológicas presentes nos Parlamentos da região; a Venezuela abraçou a ideia de América do Sul como uma bússola política na região. O fato é que a partir de 2012 a Venezuela tornou-se o novo indutor da integração regional sul-americana.

Questões para discussão

1. Quais as origens históricas das relações internacionais?
2. Como se deu a evolução da dimensão histórica das relações internacionais?
3. Quais os elementos identitários do campo das Relações Internacionais?
4. Qual o peso do americanismo na formação da agenda das relações internacionais?
5. Discuta criticamente se existiria espaço para o desenvolvimento de relações internacionais com um perfil "periférico".
6. Disserte sobre os impactos do fim da Guerra Fria no campo de estudo das Relações Internacionais.
7. Divida a turma em grupos e distribua para cada grupo uma tarefa.
8. Peça que cada grupo mapie as principais escolas de Relações Internacionais no Brasil e no exterior.
9. Peça que cada grupo identifique as linhas de pesquisa e as matérias ensinadas em outros países, além da bibliografia utilizada nessas escolas, procurando enfocar aspectos similares e diferentes em relação ao ensino das Relações Internacionais no Brasil.
10. Construa em conjunto com a turma um quadro comparativo.

Para saber mais

ARQUIMINO DE CARVALHO, Leonardo. Introdução ao estudo das relações internacionais. Porto Alegre: Síntese, 2003.

CARR, E. H. Vinte anos de crise. Brasília: IPRI/Editora UnB. São Paulo: Imprensa Oficial do Estado, 2002.

HALLIDAY, Fred. Repensando as Relações Internacionais. Porto Alegre: Universidade Federal do Rio Grande do Sul, 1999.

JACKSON, Robert; SORENSEN, George. Introdução às Relações Internacionais. Rio de Janeiro: Zahar, 2007.

OLIVEIRA, Odete Maria de. Relações Internacionais: estudos de introdução. 1. ed, 3. tir. Curitiba: Juruá, 2003.

MUNDORAMA – site de referência em RI. Disponível em: <http://www.mundorama.net/>.

SEITENFUS, Ricardo. *Relações Internacionais*. São Paulo: Manole, 2004.

WALLERSTEIN, Immanuel (org). *Para abrir as ciências sociais*. São Paulo: Cortez, 19

Capítulo 3

A CIÊNCIA DAS RELAÇÕES INTERNACIONAIS

Neste capítulo, o leitor encontrará uma descrição detalhada da estrutura científica do campo das Relações Internacionais e de seus elementos constitutivos, além da evolução do pensamento teórico-analítico, dos paradigmas, teorias, conceitos, métodos e níveis de análise. Também serão apresentadas as principais imagens paradigmáticas do campo de estudo das RI, como idealismo, realismo e escola francesa, e também a diversificação da agenda teórica com o globalismo, a interdependência complexa, os regimes internacionais e a escola inglesa, além de analisar-se a agenda da pós-modernidade. Por fim, discutir-se-á o repensamento das RI em uma nova ordem internacional após o fim da Guerra Fria.

3.1 A estrutura científica do campo

A ciência das Relações Internacionais diz respeito ao estudo sistematizado das relações entre nações e suas derivações, como Organizações Internacionais (OIs) e Organizações Não Governamentais (ONGs).

A diferenciação entre *Relações Internacionais e relações internacionais* representa, antes de tudo, uma questão identitária: relações internacionais, em minúsculas, são toda e qualquer relação que envolve sujeitos (pessoas, organismos, sociedades, governos) de dois ou mais Estados. Relações Internacionais, grafadas em iniciais maiúsculas, constituem a ciência que tem como especificidade o estudo das relações sociais que atravessam as fronteiras.

A diferenciação entre "ri" e "RI" serve para estabelecer uma ponte entre o mundo real dos estadistas e diplomatas e o mundo ideal das análises e interpretações de professores, pesquisadores e estudantes.

No plano acadêmico, um debate acerca da cientificidade das Relações Internacionais levou tanto a diferenciações no escopo de análise (política internacional, política global, política mundial) como a especificidades concernentes aos elementos constitutivos, teorias, paradigmas e métodos de análise que fariam das RI um campo do conhecimento autônomo – diferente, portanto, da Ciência Política, da História, da Sociologia e do Direito.

3.1.1 Elementos constitutivos

O primeiro elemento definidor de um campo do conhecimento é a existência de um ponto de partida e de uma motivação – ou motivações – que forneçam essência à sua identidade. No campo das Relações Internacionais, isso corresponde (principalmente) a pesquisar as causas do maior de todos os fenômenos – a guerra – e desenvolver meios para reduzir sua futura incidência.

Em segundo lugar, um objeto de estudo relacionado a problemas, fenômenos e acontecimentos peculiares se cristalizou à medida que houve uma elevação surpreendente das atenções dispensadas ao que ocorria no ambiente internacional, como epidemias, catástrofes ecológicas e crises financeiras. Além disso, um objeto de estudo prevalecente – neste caso, o internacional – e suas ramificações (Estado, questões de poder, segurança, cooperação e conflito) moldaram o padrão científico do campo nos assuntos relacionados a potencial de explicação, possibilidade de previsão e capacidade de gerar soluções para os problemas do presente.

Em terceiro lugar, cabe destacar que a inserção de grandes potências no mundo, com responsabilidades globais, estimulou a organização de técnicas, métodos, conceitos e teorias em um campo autônomo do conhecimento. Assim, o desenvolvimento de uma metodologia própria e de um quadro teórico-conceitual sobre a realidade internacional, além da delimitação de níveis de análise, qualificariam os estudos, fornecendo um foco mais preciso para os pesquisadores.

Em quarto lugar, verifica-se que o crescimento das instituições dedicadas ao ensino e à pesquisa sobre as relações internacionais fortaleceu o conjunto de estudiosos especializados, levando à constituição de comunidades acadêmicas, escolas de pensamento e comunidades epistêmicas em diferentes partes do mundo. Normalmente, as comunidades acadêmicas se constituem em torno de programas de pós-graduação com linhas de pesquisa voltadas à discussão dos fenômenos e acontecimentos internacionais.

As escolas de pensamento surgem dentro de uma mesma comunidade ou pelo diálogo entre diferentes grupos de pesquisadores, seja no âmbito nacional, seja pela cooperação educacional entre diferentes países. Essas escolas têm como eixo estruturante um centro de estudos e debates, uma agenda de investigação comum, um estilo peculiar de abordar os problemas e um conjunto de estudiosos que fazem seus trabalhos orbitarem em torno de conceitos-chave.

Já uma *comunidade epistêmica* se refere a uma rede de profissionais de reconhecida competência e experiência em um domínio particular. Esses profissionais detêm autoridade baseada no conhecimento aplicado à política e estão ligados por uma crença compartilhada e metas comuns que visam melhorar a qualidade de vida da sociedade. Trata-se da ponte estabelecida entre a academia, com suas ideias e pesquisas, e o governo, com suas decisões e políticas.

Finalmente, cabe notar que as Relações Internacionais evoluem ainda pelo empréstimo e contínua interação com outras ciências. Esse caráter interdisciplinar possibilitou à ciência das Relações Internacionais abrigar fenômenos internacionais complexos que demandariam conhecimentos sociológicos, antropológicos e psicológicos. Com isso, a característica definidora do campo é o pluralismo teórico e conceitual.

3.1.2 Como evolui o pensamento em Relações Internacionais

Pode-se dizer que o conhecimento sobre as relações internacionais evolui a partir de três círculos concêntricos que influenciam o desenvolvimento do próprio campo científico das Relações Internacionais. O primeiro desses círculos é formado pelas mudanças e debates dentro da própria disciplina, e o segundo, pelo impacto das modificações e desenvolvimentos do mundo. Já o terceiro círculo é composto pela influência de novas ideias e de conceitos de outras áreas das ciências.[1]

À medida que o contexto histórico e o meio geográfico e social são modificados, é provável que as especulações científicas sobre o internacional sejam também alteradas. Assim, as percepções dos analistas serão influenciadas por experiências passadas, valores presentes, formação acadêmica e pano de fundo religioso, ideológico e cultural. Isso fica mais

1 HALLIDAY, Fred. *Repensando as Relações Internacionais*. Porto Alegre: UFRGS, 1999.

claro ao se perceber que toda teoria envolve pré-concepções que veiculam valores, desígnios e interesses nacionais.

E se, por um lado, existe o risco de que as abordagens teóricas tornem-se construtos intelectuais ideologizados, por outro, cada grupo de estudiosos em diferentes países pode decantar teorias estrangeiras e buscar construções teóricas e conceituais mais adaptadas à realidade de sua sociedade.

3.1.3 Paradigma, teorias e conceitos

Com a evolução do pensamento em Relações Internacionais, gera-se a solidificação de determinadas perspectivas científicas acerca de domínios fenomenológicos distintos. No momento em que tais perspectivas adquirem escopo e aceitação generalizados dentro de uma comunidade científica, são estabelecidos padrões universais de pensamento social, ou seja, nascem os paradigmas.

Formado por crenças e compromissos conceituais, metodológicos, teóricos e instrumentais, um paradigma serve para dar inteligibilidade ao objeto de estudo em um mundo complexo, guiando estudiosos em suas pesquisas e pavimentando o caminho da explicação e do entendimento.[2]

Um paradigma é formado por uma ou mais teorias. Uma teoria pressupõe a organização de fenômenos a serem estudados a partir de um conjunto de generalizações logicamente articuladas. Teorias nascem da observação de fatos reais e relacionam-se com a realidade, mas não são a realidade propriamente dita. Por isso, devem ser representações da realidade com um nível de abstração e generalização suficientes para prover o estudioso de um instrumento coerente de explicação e, quando *possível, de previsão dos fenômenos.*

As teorias não são verdades absolutas e devem ser questionadas e testadas. À medida que são debatidas e esmiuçadas por integrantes de uma dada comunidade científica, podem se consolidar como referência explicativa. Nesse caso, a melhor teoria é aquela que explica o maior número de fenômenos de uma maneira equilibrada ou parcimoniosa – e aí é considerada uma "teoria elegante".

Nas Relações Internacionais existem diversas teorias consolidadas, como a teoria da Estabilidade Hegemônica, dos Ciclos Hegemônicos, da Balança de Poder, da Dependência e da Escolha Racional. Cada uma delas possui premissas ou afirmações gerais que se articulam entre si e tornam o objeto de estudo compreensível.

Para se pensar de maneira científica as relações internacionais, paradigmas e teorias precisam ser respaldados por conceitos. Um conceito é a representação mental de uma determinada realidade, seja ela concreta ou abstrata. Assim, nas Relações Internacionais, um conceito pode se referir tanto a aspectos perceptíveis pelo indivíduo, como o Estado (definido por seu

2 KUHN, Thomas. *A estrutura das revoluções científicas*. São Paulo: Perspectiva, 1996.

território, governo e população), quanto a fenômenos dificilmente apreensíveis, como globalização ou regimes internacionais (apenas perceptíveis por seus reflexos na vida nacional e internacional).

O conceito como mecanismo semântico estrutura o pensamento científico em sua tarefa de identificar, descrever e classificar os diferentes elementos e aspectos da realidade. Nesse caso, a definição é um importante método para a formação de conceitos e pode ser de três tipos principais: nominal, real e contextual.

A definição nominal é uma convenção ou notação alternativa de uma dada expressão linguística, apresentando um substituto ao termo a que se refere. A definição real se refere ao enunciado das características essenciais de algum agente ou estrutura internacional. A definição contextual procura gerar compreensão pela imersão em determinado contexto histórico.

Portanto, uma categoria de análise é a instrumentalização do conceito como uma ferramenta analítica, na medida em que é abrangente o suficiente para poder incorporar outros conceitos a seu conteúdo semântico e possui a capacidade de criar uma classe organizada de elementos de acordo com determinados critérios.

Considere-se que um determinado sistema internacional forma-se em torno de três países. Um possui meios econômicos e políticos de garantir sua independência; outro tem capacidade de projetar poder para além de suas fronteiras, com mísseis balísticos intercontinentais e um submarino; e o terceiro pequeno país está envolvido em um jogo sutil de equilíbrio, separando dois Estados rivais e ajudando a manter a paz entre eles. Nessa definição contextual é possível utilizar os conceitos de Grande Potência, Superpotência e Estado-tampão como substitutos válidos para os três atores em questão.

3.1.4 Métodos e níveis de análise

Cada paradigma, teoria ou conceito oferece um filtro para analisar um complicado retrato das relações internacionais. Porém, o internacionalista precisa utilizar alguns métodos científicos para realizar seus estudos.

Para tanto, tem à disposição o método dedutivo, que pela afirmação de princípios gerais procura explicar casos e situações particulares, e também o método indutivo que, abordando casos particulares, busca extrair proposições gerais acerca da realidade.

Há também o método hipotético-dedutivo pelo qual, a partir de observações empíricas, extraem-se algumas conclusões que auxiliam na formulação de hipóteses primárias; em seguida, o estudioso volta-se aos fatos (empiria) e procura aprimorar a hipótese, formulando, então, algumas generalizações. Por último, há o método comparado, que facilita a compreensão do objeto pela utilização de analogias que facilitem a percepção das semelhanças e diferenças entre situações, atores e tempos históricos.

Após compreender que a ciência das Relações Internacionais dispõe de paradigmas, teorias, conceitos e métodos, o passo seguinte é avaliar os diferentes níveis de análise sobre o internacional que podem ser acessados pelo estudioso, como os níveis individual, estatal e sistêmico. Pode-se dizer que os níveis de análise servem para colorir a interpretação da realidade.

O nível individual busca compreender a essência da natureza humana, incluindo as pessoais e o contexto social, político e ideológico dos tomadores de decisão, especialmente de grandes líderes mundiais que têm a capacidade de influenciar os rumos da história.

No nível estatal, o internacionalista preocupa-se em verificar detalhadamente a estrutura interna dos Estados, o funcionamento dos governos nacionais, com suas instituições jurídicas, legislativas e executivas, e o regime político e modelo de governo que imperam nos países estudados.

O nível sistêmico volta-se para a análise dos vínculos estruturais entre Estados, como a distribuição de poder entre grandes, médias e pequenas potências, a hierarquização da ordem em nações pobres e ricas (ou em nações desenvolvidas e em desenvolvimento), a recorrência da guerra como instrumento político e os caminhos para a paz, mediante negociações e estabelecimento de instituições.

Outra divisão importante é a análise das relações internacionais por uma abordagem dual, que se preocupa em relacionar os fenômenos e acontecimentos internos do Estado com outros externos a ele. Assim, pode-se estudar o sistema internacional em sua amplitude, observando os padrões de comportamento entre os Estados e os níveis de interdependência entre eles, ou o Estado propriamente dito, o que permitiria enfocar o processo de tomada de decisão e examinar as condições e processos domésticos que afetam a política externa.

3.2 Imagens paradigmáticas

3.2.1 Idealismo e realismo

A agenda idealista se configurou em torno de diferentes discussões sobre temas como os meios de alcançar a paz, os excessos do militarismo e a irracionalidade dos custos militares, a ineficácia do colonialismo e a força da opinião pública e do pacifismo, além do debate sobre o papel das instituições internacionais.

Na sua concepção clássica, o idealismo diz respeito à visualização e busca de esquemas políticos que não têm conexão óbvia com o mundo presentemente constituído, o qual está em constante mudança. Ou seja, trata-se da idealização de um mundo que deveria ser moldado de acordo com preceitos de igualdade universalmente aceitos.

O idealismo atingiu seu auge com a chamada "utopia wilsoniana", ou seja, quando Wodroow Wilson, então presidente dos Estados Unidos, estabeleceu os seus 14 pontos relativos à busca pela paz e estabilidade internacionais no fim da Grande Guerra que assolara a Europa (1914-1918). Dentre as preocupações de Wilson estavam a liberdade de navegação e comércio, a autodeterminação dos povos e o fim da diplomacia secreta.

A visão wilsoniana de mundo foi qualificada como idealista, pois o presidente dos Estados Unidos vislumbrou de maneira quase heroica (e, em certa medida, glamorosa) a conformação de convênios e cartas, além da assinatura de tratados, como meio de mudar a realidade internacional de sua época; o projeto da Liga das Nações foi o mais ambicioso nesse sentido.

Entretanto, o idealismo se distanciava da realidade de sua época, ao demonstrar seu desejo de alterar a natureza humana e controlar os rumos da história, o que comprometeu sua capacidade de explicar a política internacional.

Coube a Edward H. Carr, em sua obra seminal *Vinte Anos de Crise – 1919-1939*, estabelecer os parâmetros do debate entre utópicos, que vislumbravam uma ordem derivada de princípios éticos e morais universalmente aceitos, e realistas, que se opunham à pura aspiração como base para explicar a realidade. Além disso, Carr foi responsável por delinear os elementos da jovem ciência da política internacional.

O realismo surgido no entreguerras (1919-1939) se consolidou durante a Guerra Fria (1945-1991), momento em que os estudos das relações internacionais desembarcam nos Estados Unidos como necessidade reflexa de se entender melhor o mundo em que a potência hegemônica estava se inserindo. Os seis princípios fundamentais do realismo político como um paradigma foram assim definidos por Hans Morgenthau:[3]

1. A Política é governada por leis objetivas cujas raízes estão na natureza humana imutável.
2. O conceito de interesse é definido em termos de poder e orienta homens de Estado e as políticas externas dos Estados.
3. O interesse definido em termos de poder é uma categoria universal, mas depende do contexto político, cultural e histórico no qual está inserido.
4. O choque entre preceitos morais e ação política gera uma tensão para o decisor.
5. As aspirações morais de uma nação não devem se confundir com as leis que governam a política internacional.
6. A esfera política é autônoma em relação a outras esferas da sociedade e cerne das decisões sobre a política internacional.

Essa perspectiva tradicionalista, com ênfase na filosofia e na história, foi desafiada por volta dos anos 1960 com a revolução behaviorista das ciências sociais. Tratava-se de uma proposta de ciência social quantitativa e metodologicamente rigorosa, como alternativa às considerações filosóficas e históricas do realismo tradicional. O resultado foi a especialização de alguns departamentos dedicados ao estudo do internacional, em que alguns seguiram abordagens qualitativas e outros, abordagens essencialmente quantitativas. De toda forma, o behaviorismo não se tornaria um paradigma das Relações Internacionais, mas um acessório metodológico no bojo da corrente realista.

A reação tradicionalista, que procurava consolidar o realismo como ortodoxia do pensamento em RI, se deu com a obra de Kenneth Waltz, especialmente em dois livros: *O Homem, o Estado e a Guerra* (1959) e *Teoria da política internacional* (1979).

3 MORGENTHAU, Hans. *A política entre as nações*: a luta pelo poder e pela paz. Brasília: UnB, IPRI, 2003.

Em sua análise, Waltz utiliza-se de três imagens (ou quadros mentais) que traduzem determinado recorte da realidade ou do contexto em que operam as forças políticas, econômicas e sociais. A primeira imagem aponta as causas da guerra na natureza humana; a segunda, estabelece as causas da guerra na natureza do Estado, considerando se ele é democrático ou autoritário; e a terceira, vislumbra a política internacional como um domínio autônomo. A lógica das três imagens notabilizou-se na forma dos níveis de análise primordiais para o estudo do internacional: o individual, o estatal e o sistêmico.

O argumento central de Waltz versava sobre a permissividade do sistema internacional, de natureza anárquica, como causa última da guerra. Além disso, Waltz definiria o perfil defensivo do realismo, que via como meta principal dos Estados a manutenção de sua posição no sistema internacional, evitando desequilíbrios na balança de poder mundial e ao mesmo tempo garantindo sua sobrevivência.

A partir da publicação do livro *Teoria da Política Internacional* (1979), Waltz contribui para a afirmação do realismo estrutural ou neorrealismo e, metodologicamente, propõe duas abordagens: uma reducionista e outra sistêmica. A abordagem reducionista subdividia o objeto de estudo em seus vários componentes ou partes, a fim de compreender o todo, como ocorria nas ciências exatas. Na abordagem sistêmica, a premissa básica era "o todo é mais do que a soma de suas partes", entendendo-se ainda que o comportamento e a construção das partes são ambos moldados pela estrutura do próprio sistema.

O pensamento de Waltz foi atualizado pelos construtivistas, que procuravam combinar as duas abordagens com base no argumento de que estruturas e unidades seriam mutuamente constitutivas. Nada obstante, o realismo se tornaria o paradigma de fato ou a ortodoxia do pensamento teórico em Relações Internacionais.

3.2.2 Pluralismo: interdependência e regimes internacionais

O pluralismo seria considerado um paradigma das RI por agregar um conjunto de teorias como interdependência complexa, regimes internacionais, institucionalismo, processo de tomada de decisão, entre outros.

Os trabalhos de Robert Keohane e Joseph Nye, *Power and Interdependence* (1977), *After Hegemony* (1984) e *Bound to lead* (1984), marcariam um momento de repensamento, especialmente no que dizia respeito à posição dos Estados Unidos na política internacional. O caráter conflitivo das relações internacionais passou a ser desafiado em favor de perspectivas mais afeitas à cooperação em diferentes áreas. Em um contexto de crescentes trocas comerciais e financeiras, o nível de sensibilidade entre os países ampliava-se, bem como o grau de vulnerabilidade em relação a setores estratégicos (como o energético).

Tratava-se naquele momento de um mundo de "interdependência complexa", cujas necessidades sociais e técnicas estimulariam as elites e burocracias a cooperar em setores específicos; com isso, se garantiria um transbordamento da integração para outras áreas e países. Além disso, as inovações tecnológicas e a formação de redes marcariam essa etapa histórica da sociedade internacional, na qual os problemas de alguns países e regiões passariam a ser uma preocupação de todos.

A interdependência, nascente da crescente interconexão entre as nações, impulsionada pela divisão do trabalho e facilitada pelo avanço das comunicações, evidenciou o caráter mais imediato dos fenômenos e, por consequência, das decisões de política externa. Da mesma forma, a capacidade da mídia de moldar a opinião pública ganhou contornos mais claros, assim como o estabelecimento de uma condição estrutural de dependência recíproca entre os países.

A crise internacional nos anos 1970, desencadeada pelos ajustes nos preços internacionais do petróleo, pelo fim dos arranjos de Bretton Woods (1944) e, mais especificamente, pela crise do dólar norte-americano, apontava o declínio da hegemonia dos Estados Unidos, o que abria espaço para políticas egoístas das outras nações.

Porém, o que se observou foi um grau de cooperação inesperado entre os Estados. Isso levou alguns teóricos das relações internacionais a identificar a existência de algumas estruturas da política internacional que não dependiam diretamente de incentivos positivos ou negativos dos Estados.

Assim, nasceu o ramo de estudos dos regimes internacionais. Stephen Krasner foi o responsável por defini-los como um conjunto de princípios, normas, regras e processos de tomada de decisão para os quais convergem as expectativas dos atores internacionais, estatais e não estatais, em relação a determinadas áreas-assuntos.

Os regimes internacionais favorecem as relações de interdependência em diferentes assuntos, como comércio, finanças, comunicação, proteção do meio ambiente e transferência de tecnologia, a partir da conformação de regras e procedimentos e pela associação de instituições, como as Organizações Internacionais (OIs), responsáveis pela governança de tais interações nas respectivas áreas-assuntos.

Um regime internacional não é uma OI porque não tem personalidade jurídica, nem capacidade de assinar tratados (*treaty-making power*). Por isso, os pluralistas acreditavam que os regimes deveriam ser tomados como uma variável interveniente que não causa mas afeta o comportamento dos Estados, como uma dinâmica intrínseca. Fala-se, por exemplo, em um regime internacional de comércio, ancorado em princípios de não discriminação, extensão dos privilégios e liberdade comercial, sob os auspícios da Organização Mundial do Comércio (OMC).

3.2.3 Globalismo

Outra renovação teórica, ocorrida paralelamente ao longo das décadas de 1960 e 1970, deu origem ao globalismo, como um paradigma formado por perspectivas marxistas e não marxistas de explicação das relações internacionais. Seu foco era a economia global e as diversas problemáticas a ela vinculadas, como alimentos, meio ambiente, energia etc.

Os principais representantes globalistas foram os teóricos da "dependência" e do "sistema mundo", que compartilhavam uma preocupação com o estágio de desenvolvimento das nações e suas implicações para as relações internacionais.

Para os globalistas, o padrão produtivista da sociedade moderna foi forjado pela racionalidade instrumental econômica, que buscou estimular a produção de riquezas e a concentração de bens materiais, alcançando uma escala global a partir da estruturação de cadeias produtivas.

Além disso, os globalistas apontavam os Estados como responsáveis pela internacionalização da produção nacional em mercados de *commodities* globais, assim como as empresas transnacionais (amparadas pelos Estados), que pulverizavam sua base produtiva em diferentes continentes. Com isso, haveria uma demanda ou necessidade de mão de obra barata, o que levaria a situações de estímulo ao trabalho escravo ou ao subemprego. Em resposta às dinâmicas de dependência, organizações não governamentais e associações, como os sindicatos, estabeleceriam vínculos transnacionais na luta contra a exploração.

De acordo com as premissas fundamentais do globalismo, em primeiro lugar seria necessário analisar os fenômenos internacionais a partir de um "contexto global", dentro do qual ocorre a interação dos atores. Tomar o "globo" como ponto de partida dos estudos em Relações Internacionais permitiria vislumbrar tanto as forças sistêmicas, geradoras de constrangimentos e oportunidades, quanto suas conexões com a política interna.

A segunda premissa indica que se deve valorizar a importância da análise histórica como meio de rastrear a evolução histórica do sistema internacional, capturando a divisão do mundo entre Norte e Sul e as dinâmicas de competição e cooperação que surgem desse recorte.

A terceira delas diz ser necessário enfocar os mecanismos de dominação dos países mais fortes sobre os mais fracos, surgidos de práticas e políticas que sustentam o imperialismo e causadores do desenvolvimento desigual e engrenam o funcionamento do capitalismo, o que seria aprimorado em uma visão crítica das relações internacionais.

Já a quarta premissa propõe a ênfase nas forças econômicas como elementos explicativos das relações internacionais, assim como o entendimento de que a esfera política depende da esfera econômica como força motriz das decisões políticas. Com isso, busca-se compreender que as relações entre as nações não são vantagens comparativas e mutuamente benéficas – assim definidas por economistas clássicos como David Ricardo –, mas de exploração e de benefícios seletivos, alcançando grupos restritos de industriais, financistas, elites e aristocracias econômicas.

Uma das vertentes mais relevantes do globalismo são os estudos sobre o "sistema mundo", encabeçados por André Gunder Frank e Immanuel Wallerstein. Ambos identificaram que a natureza hierárquica da política mundial – em que o Sul é subordinado ao Norte – e os ditames do sistema capitalista mundial tornam pouco provável que os países industrializados do Norte venham a fazer concessões significativas aos menos desenvolvidos do Sul.

No início da década de 1980, surgiu um ambiente propício para uma perspectiva teórica que abrigasse certa indignação com a situação corrente das relações internacionais, caracterizada pela separação dos países entre primeiro e terceiro mundo e a valorização das questões estratégicas e militares vinculadas à Guerra Fria. Assim, no seio da Escola de Frankfurt, emergiu a chamada teoria crítica, cuja contribuição permaneceu imperceptível devido à sua assimilação nos discursos, análises e interpretações, até que fosse sistematizada como uma corrente teórica.

Os teóricos críticos rechaçam a mentalidade utilitarista e predatória, que seria derivada do positivismo e da racionalidade técnica-instrumental, até então base do pensamento em Relações Internacionais. Exemplo disso era a preocupação com o meio ambiente; os teóricos críticos rebatiam a ideia de que os recursos naturais seriam objeto de apropriação a serviço de uma minoria de grupos e países, constituindo-se assim em "bens oligárquicos".

Além disso, esses teóricos destacam a condição de hegemonização da produção do conhecimento, ou seja, de ideias, conceitos e teorias forjados para atender os interesses das elites intelectuais e econômicas dirigentes. Encaixa-se aqui a crítica de Robert Cox, segundo a qual a teoria é direcionada "a alguém e para algum propósito". Ou seja, segundo os teóricos críticos, o poder influencia na maneira como a produção do conhecimento é organizada.

3.3 História das Relações Internacionais

3.3.1 Escola francesa

Pierre Renouvin liderou a renovação dos estudos históricos sobre o internacional em meados da década de 1950, com o lançamento de sua obra *Introdução ao Estudo da História das Relações Internacionais*. Em primeiro lugar, o autor estabeleceu uma abordagem dual, em uma análise das forças profundas e dos homens de Estado. Na obra, incentivou também a diversificação das fontes, e ainda recusou a história linear e simplista que se detinha na superfície dos acontecimentos.

Como contribuição metodológica, definiu os estudos a partir de duas categorias de análise: forças profundas e homem de Estado. As "forças profundas" seriam fatores geográficos, condições demográficas, movimentos migratórios, forças econômicas, questões financeiras, sentimento nacional, nacionalismo e sentimento pacifista. O homem de Estado levaria a enfocar a personalidade, as ideias, os valores, as atitudes e o comportamento de líderes e mandatários históricos, sua relação com o interesse nacional, além de sua exposição às pressões diretas e indiretas dos grupos sociais, bem como sua reação às forças profundas e ao ambiente das decisões

A escola francesa denunciou a insuficiência das fontes tratadísticas e diplomáticas, ao mesmo tempo em que reforçou a necessidade de ampliar o leque de substratos de dados e informações, como os divulgados pela mídia nacional e internacional, pelas burocracias especializadas e pelos atores sociais em geral. Além disso, estimulou o uso de questionamentos e o levantamento de hipóteses, mas principalmente incentivou a explicação multicausal como meio de fomentar uma análise mais coerente das relações internacionais.

Jean-Baptiste Duroselle, em sua obra *Todo Império perecerá*, seria responsável por atualizar o marco teórico-metodológico da disciplina de História das Relações Internacionais nos anos 1970, apresentando três dimensões de interpretação dos acontecimentos e fenômenos internacionais: as *analogias*, as *regularidades* e o *sistema finalidades-causalidades*.

Segundo o autor, os fatos históricos vinculados à vida internacional poderiam ser definidos como "acontecimentos", por serem datados e, consequentemente, únicos, além de estarem ligados à ação do homem. Já os fenômenos seriam fatos percebidos pelos nossos sentidos, direta ou indiretamente, pois tinham a capacidade de transcender a ação humana e o tempo. O terrorismo pode ser considerado um fenômeno internacional, enquanto os atentados ao World Trade Center em 11 de setembro de 2001 podem ser considerados um acontecimento.

A utilização da analogia funcionaria como um mecanismo de comparação entre tempos históricos distintos e entre situações similares, como guerras, desastres naturais e crises econômicas. A busca por regularidades serviria ao propósito de rastrear processos de longa duração, e dentro deles identificar mudanças suaves (inflexões) e bruscas (rupturas), ou mesmo continuidades da vida internacional. Por último, as dinâmicas internacionais deveriam ser vistas pela contraposição entre o sistema de finalidades (pelo qual ocorre a decisão política no Estado) e o sistema de causalidades (os múltiplos fatores que influenciam a decisão política).

3.3.2 Escola inglesa

Fora do polo norte-americano de produção intelectual, uma escola inglesa foi constituída pela confluência de três processos: (1) os debates entre realistas liberais ingleses e behavioristas norte-americanos nos anos 1960; (2) o papel desempenhado pelo *British Committee on the Theory of International Politics* como uma instituição dedicada a discussões sobre a política internacional e formada por estudiosos de diferentes vertentes; e (3) os debates internos acerca dos conceitos fundamentais que animavam os estudiosos ingleses havia algumas décadas.

Nos anos 1950, Herbert Butterfield indicava que sobre a compreensão do mundo pesava naquele momento a relação entre religião, ideologia e política, bem como o *status* decadente da Inglaterra no mundo. Nos anos 1960, com as ideias de Martin Wight, desenvolveu-se uma necessidade de conceituar e diferenciar as grandes instituições internacionais, considerando os conceitos de potência (dominante, mundial, menor e grande), poder e anarquia. Porém, procurou-se principalmente entender o funcionamento das grandes instituições internacionais ao longo da história dos sistemas de Estados (primários, secundários, suseranos, vassalos).

Já nos anos 1970, Hedley Bull valorizaria em suas análises as noções dicotômicas de ordem/anarquia e a possibilidade de busca por justiça e igualdade diante de uma estrutura internacional definida como societária ou sistêmica. Além disso, o foco recairia sobre as instituições responsáveis por manter a ordem nas relações internacionais: diplomacia, direito internacional, equilíbrio de poder, grandes potências e guerra.

Nos anos 1980 e 1990, as modificações do mundo imputavam uma forma diferente de enxergar a vida internacional. Adam Watson, mesmo resgatando a ideia central de Wight, olhava para o processo de integração regional que tomava conta da Europa, para a existência de outros espaços importantes no mundo e para a constituição de uma sociedade internacional diferente daquela vigente durante os anos da Guerra Fria. Assim, publicaria as obras *A expansão da sociedade internacional* (1984) e *A evolução da sociedade internacional* (1992).

Nos anos 2000, haveria uma diferenciação entre a "velha escola inglesa", representada por Wight e Bull, e a "nova escola inglesa", constituída por intelectuais que atualizaram a agenda de estudos a partir do quadro metodológico, teórico e conceitual preexistente. Andrew Linklater e Hidemi Suganami, por exemplo, em sua obra *The English School of International Relations:* a contemporary reassessment (2006), revisaram o progresso conceitual e teórico à luz das contribuições atuais da escola inglesa.

Em síntese, a escola inglesa contribuiria com estudos empíricos mais detalhados sobre a evolução e conformação de arranjos de diferentes sociedades, além das análises de narrativas históricas mundiais, de pontos de vista distintos e originários, sobre a natureza da política internacional. Assim, o foco em normas e valores se tornaria uma característica distintiva da abordagem da escola inglesa, preocupando-se em como os Estados se comportam para sustentar a ordem internacional e como objetivos humanitários podem ser atingidos sem ameaçar a ordem interestatal.

3.4 Repensar as RI em uma nova ordem internacional

O mundo pós-guerra fria registrou dois processos decisivos para a ciência das Relações Internacionais: a modificação da imagem do Estado como foco de análise principal, repensada pela ótica da valorização de outros atores e do papel do indivíduo; e a tendência à fragmentação teórica e a disputas pela prevalência como corrente principal das Relações Internacionais.

A tentativa de modernização e atualização da agenda teórica do campo das RI trouxe para a mesa de discussão os estudos sobre gênero, pós-colonialismo e construtivismo social. Áreas em desenvolvimento há alguns anos nos centros do conhecimento (Estados Unidos e Europa) alcançariam a periferia da sociedade do conhecimento com força suficiente para alterar currículos e agendas de pesquisa somente no fim dos anos 1990 e início do século XXI.

Pode-se afirmar que o fim da Guerra Fria abriu uma janela de oportunidade de renovação paradigmática e de salto na evolução do debate teórico em Relações Internacionais. Uma das principais constatações de alguns estudiosos do campo de RI foi a observação de que a crescente internacionalização do mundo e a progressiva perda de capacidade de controlar as forças globais tornaram o instrumental teórico e metodológico de análise ultrapassado.

Por isso, percebeu-se a necessidade de atualizar o equipamento analítico e repensar acepções teóricas e conceituais fundamentais.

3.4.1 A reafirmação do pensamento liberal

O fim da bipolaridade e a confirmação da supremacia norte-americana após a Guerra Fria colocaram em dúvida o poder explicativo do realismo. Ao mesmo tempo, os Estados Unidos intensificaram o uso das novas ferramentas do poder associadas à revolução da informação, exportando as ideias liberais e os valores democráticos por todo o planeta.

O cenário era propício para a polêmica tese do "fim da história" de Francis Fukuyama, que procurou estabelecer um diálogo entre a filosofia e a politologia para explicar o momento internacional de uma época em transição. Fukuyama criticou o marxismo e promoveu o arcabouço teórico do neoconservadorismo, linhagem ideológica que dominaria a política externa norte-americana nas décadas seguintes.

Fukuyama partia da premissa da superioridade ideológica do liberalismo norte-americano e sustentava a crença de que democracias nunca lutam guerras entre si; portanto, se estabeleceria uma inércia de paz democrática no sistema internacional. O fim da história não seria o fim de uma ideologia, mas a vitória avassaladora do liberalismo político e econômico sobre outras ideologias.

A implicação política desse pensamento seria a divisão do mundo entre países pós-históricos (aqueles que atingiram certo grau de desenvolvimento baseado nas premissas liberais) e países históricos (aqueles que ainda lutam para sobreviver e conviver com nacionalismos e fundamentalismos). Por isso, os chamados Estados falidos e Estados párias (*rogue states*) seriam a encarnação da ameaça à ordem vencedora.

Em suma, para os liberais, uma onda democrática criaria a possibilidade de que todas as nações pudessem aproveitar os benefícios da autodeterminação, o que foi suscitado nos momentos iniciais da chamada "Primavera Árabe", que eclodiu em países como Tunísia e Egito em 2011.

3.4.2 O debate Neo-Neo

Outro momento importante da evolução teórica do campo de estudo das RI, em relação direta com o esforço de reafirmação e de revisão dos paradigmas tradicionais e da busca pela adaptação ao novo contexto internacional, diz respeito ao debate neorrealismo e neoliberalismo institucionalista. Podem ser destacados seis pontos principais desse debate: a) natureza e consequências da anarquia; b) cooperação internacional; c) ganhos relativos *versus* ganhos absolutos; d) prioridades das metas dos Estados; e) intenções *versus* capacidades; e f) importância das instituições e dos regimes internacionais.[4]

---

4 BALDWIN, David (ed.). *Neorealism, Neoliberalism*: The Contemporary Debate. New York: Columbia University Press, 1993.

A questão da anarquia permaneceu ditando o ritmo do debate, em especial quanto a considerações valorativas que procuravam determinar se a anarquia era positiva ou negativa. Além disso, havia um quebra-cabeça relacionado à cooperação internacional e à questão dos ganhos relativos, que seriam importantes motivações para os Estados, dependendo das condições dadas e dos critérios específicos que determinariam as preocupações com os ganhos relativos por parte dos atores.

Para os neorrealistas, uma vez que os Estados não podem ter certeza sobre o futuro, no que diz respeito a interesses e objetivos de oponentes e do uso da guerra como instrumento de política internacional, é plausível que se espere que reajam a partir de uma posição de aversão ao risco, na qual os ganhos relativos interessam mais. Os neorrealistas enxergam um posicionamento defensivo como uma forma de o Estado alcançar e manter capacidades suficientes para permanecer em segurança e independente no ambiente internacional anárquico, balizado pelo princípio do *self-help*. Pode-se dizer que os neorrealistas aceitam a possibilidade da cooperação na anarquia, mas o fazem de maneira diferente daquela proposta pela visão institucionalista.

A argumentação neoliberal apontava que a anarquia poderia ser mitigada mediante a edificação de instituições e de regimes que aumentariam a previsibilidade no sistema internacional. Além disso, a cooperação seria o caminho para diminuir os efeitos perversos do egoísmo e da anarquia sobre o sistema. Pode-se dizer que os neoliberais institucionalistas enfatizariam os ganhos relativos sobre os absolutos, ou seja, a possibilidade de que todos podem ganhar em uma mesa de negociação.

3.4.3 O culturalismo

O culturalismo se afirmou como corrente explicativa ao enfatizar os aspectos culturais como variável principal das dinâmicas internacionais. Alguns estudos, como o livro de Edward Said, *Orientalismo: o oriente como invenção do Ocidente* (2003), incorporaram uma visão mais crítica acerca das separações que as diferenças culturais imprimiram nas narrativas modernas sobre as relações entre nações.

Essa linha de pensamento ganhou notoriedade com Samuel Huntington e sua polêmica tese do "choque das civilizações". Huntington havia escrito um importante trabalho intitulado *A terceira onda* (1991), no qual discutia as ondas de democratização que historicamente assolaram a humanidade. O foco estava nas transições de regimes ditatoriais para democracias ocorridas no leste europeu e na América Latina.

Huntington apontou três falácias relacionadas ao argumento finalista do declínio do poder norte-americano e do fim da história: assim, eles criariam uma ilusão de bem-estar, que bloquearia ações corretivas; exagerariam na ênfase da previsibilidade histórica e na permanência do momento; e ignorariam a fraqueza e irracionalidade da natureza humana.

Para tanto, Huntington apontava quatro possibilidades de retrocesso: a) a renovação das forças religiosas e nacionalistas; b) a manutenção de conflitos dentro do liberalismo;

c) a emergência de novas ideologias; d) a retomada de introspecções de valores e comportamentos no plano regional.

Não obstante, Huntington se notabilizou pelo estudo sobre o "choque das civilizações". Em vez dos confrontos ideológicos, como os ocorridos na época da Guerra Fria, as disputas passariam a ocorrer devido a incompatibilidades culturais, adormecidas nas últimas décadas, mas ainda latentes.

O epicentro se localizaria na Ásia, dividida em muitas civilizações de reconhecida importância, como a budista, a japonesa, a judaica, a chinesa, a hindu, a islâmica e a ortodoxa. Cabe aqui uma lembrança necessária: embora todas essas culturas tenham áreas de maior densidade, elas não se isolam completamente umas das outras. A Índia seria o exemplo mais destacado do continente asiático, mesmo sem ser um cadinho, isto é, um país em que as distintas visões de mundo constantemente se fundem e, portanto, se renovam.

Na vastidão das terras americanas, haveria essencialmente duas: a ocidental e a latino-americana, definição incompreensível para os brasileiros, dado que há diferenças culturais importantes entre países como Colômbia, Uruguai, México, Argentina, Chile, Bolívia, Cuba, Venezuela e, naturalmente, Brasil.

A diferenciação entre a civilização ocidental e a latino-americana derivaria da herança religiosa: a primeira, advinda do protestantismo, estava mais próxima do desenvolvimento de instituições democráticas; a outra, de tradição católica, mais perto do autoritarismo, em decorrência da valorização da hierarquia.

3.4.4 A ofensiva realista

O momento "neoidealista" vivido nas relações internacionais, com a afirmação do poder dos Estados Unidos, das instituições internacionais como a ONU, do modelo econômico neoliberal – em suma, dos valores liberais e democráticos –, estimulou a retomada do realismo político com uma nova roupagem.

A crítica recaiu sobre a teoria da paz democrática, que carregaria uma mensagem otimista, mas sem substância teórica e analítica. Alguns estudiosos, dentre eles John Mearsheimer, preconizam a volta das grandes crises e possíveis guerras na arena internacional, pois os três fatores de estabilidade (bipolaridade, equilíbrio de poder militar e armas nucleares) já não estão presentes para estabelecer uma distribuição equitativa de poder como ocorrera durante a Guerra Fria.

Mearsheimer consolidaria seu argumento em favor da recuperação do realismo político em sua obra *A tragédia da Política das Grandes Potências*. A partir de um diálogo entre as diferentes concepções realistas, sobretudo a clássica e a estruturalista, o autor sincroniza o pensamento realista com os acontecimentos de 11 de setembro de 2001, em que ficou evidente o recrudescimento das questões relacionadas à segurança internacional em uma perspectiva sistêmica.

Para tanto, Mearsheimer sintetiza o que denomina de "realismo ofensivo" em cinco premissas básicas: (1) a anarquia como traço singular do sistema internacional; (2) o fato de as grandes potências manterem alguma capacidade militar ofensiva; (3) as incertezas acerca das intenções militares dos Estados; (4) o fato de a sobrevivência ser o objetivo principal das grandes potências; e, por fim, (5) o fato de as grandes potências agirem como atores racionais.

Duas consequências adviriam do nexo entre as premissas anteriores: em primeiro lugar, haveria incentivos poderosos para que as grandes potências pensassem e agissem ofensivamente, o que explicaria a incessante busca dos Estados por poder e a inevitabilidade de assumirem uma posição hegemônica no sistema; segundo, a produção de padrões de comportamento que podem ser identificados em diferentes momentos históricos das relações internacionais: temor, egoísmo ou *self-help* e maximização de poder.

Em síntese, o realismo ofensivo afirma que a meta final dos Estados é ser o *hegemon* (potência hegemônica) do sistema internacional. Não obstante, o próprio autor reconhece que alcançar o *status* de potência hegemônica mundial é quase impossível devido ao que qualifica como "poder bloqueador da água". Assim, só seria possível estabelecer hegemonias regionais.

Um aspecto diferenciador do pensamento de Mearsheimer em relação a seu grande inspirador, Kenneth Waltz, seria a busca pela multicausalidade explicativa como uma ferramenta metodológica. Além disso, Mearsheimer procurou diferenciar o que seria o realismo de Waltz (defensivo) da sua proposta de realismo ofensivo.

A originalidade de Mearsheimer está na integração que promove entre as ideias clássicas e estruturalistas, no plano teórico e metodológico, e na esquematização das diferentes facetas do realismo, feita de uma forma didática e clara.

3.5 A agenda pós-moderna nas RI

Até meados da década de 1990, quatro postulados (ou verdades) dominaram os estudos em Relações Internacionais: o materialismo, ou busca por causas e explicações materiais (como a capacidade militar e a condição econômica); o racionalismo, ou explicações categorizadas pela razão (como a análise de custo-benefício, a definição de metas e a hierarquização de preferências); o determinismo, ou fatores e forças que condicionariam as escolhas dos tomadores de decisão e o comportamento dos atores (como a geografia e o nível de desenvolvimento); e o positivismo, ou a crença de que o internacional poderia ser estudado objetivamente no molde das ciências naturais (como a observação de fatos, a coleta de dados empíricos e a análise imparcial).

Entretanto, outros campos das humanidades passaram a questionar os meios de construção das teorias, ou seja, as premissas sobre as quais estava assentado todo o conhecimento científico produzido nas últimas décadas. É nesse ambiente que emergem novos estudos como o feminismo, o pós-modernismo, o pós-colonialismo e o construtivismo social.

Uma primeira característica associada à emergência dessa "agenda pós-moderna" é sua aproximação com a realidade social internacional, criada mediante debates sobre valores como direitos humanos, igualdade de gêneros e justiça social no âmbito internacional.

Os estudos de gênero e o feminismo buscam enxergar os aspectos de sociabilidade das mulheres no sistema internacional, preferindo abordagens etnográficas e de construção de identidades, bem como o resgate de pensadoras feministas de outras épocas. Além disso, tentam estabelecer programas de pesquisa centrados no papel do gênero e da mulher e seu lugar nas relações internacionais.

Assim, o fato de as teorias de relações internacionais terem sido sempre orientadas pelo gênero masculino possibilita que uma crítica feminista possa ser feita no sentido de repensar o campo como um todo, além de fornecer versões alternativas de teorias e práticas menos parciais e injustas do que aquelas até então produzidas pelo pensamento tradicional e masculinizado das RI.

Alguns dos estudos precursores nessa área são os livros *Bananas, Beaches, and Bases: Making Feminist Sense of International Relations* (1989), de Cynthia Enloe, e *Gender in International Relations: Feminist Perspectives on Achieving Global Security* (1992), de J. A. Tickner.

Uma segunda característica da agenda pós-moderna é sua tentativa de eliminar as fronteiras entre o mundo real e o mundo das ideias. Ou seja, a partir do momento em que o estudioso começa a entender o mundo e suas dinâmicas, ele próprio passa a poder reorientar propósitos e políticas, podendo assim transformar a realidade à sua volta. Os debates sobre discursos, linguagens e ideias são os construtores de blocos fundamentais da vida internacional e, portanto, oferecem uma perspectiva mais profunda que o realismo ou o liberalismo, ao explicar as origens dos eventos e das forças que dirigem o sistema internacional.

A proposta de Alexander Wendt no seu livro *Social Theory of Internacional Politics* era desvendar "que diferença ideias fazem". Para ele, o fator mais importante da política internacional é a distribuição de ideias no sistema, e por isso é preciso compreender a tomada de decisão em política exterior a partir do papel desempenhado pelas ideias.

Além disso, Wendt analisa o significado do poder e do conteúdo de interesses como função das ideias. Ou seja, a noção de que o poder é constituído por interesses e os interesses são constituídos por ideias que são, por sua vez, reflexos do sistema cultural que forma determinada sociedade. Por último, o autor traz à tona um debate sobre os Estados que criam uns aos outros como inimigos, rivais ou parceiros, na medida em que compartilham sua interpretação acerca das identidades dos outros.

Uma terceira característica da agenda "pós-moderna" seria sua aproximação com a abordagem histórica. Assim, a construção dos interesses e identidades dos países e o entendimento sobre a condição de menor desenvolvimento relativo de algumas nações, por exemplo, dependeriam de uma compreensão de suas mudanças ao longo da história.

Em particular, os estudos pós-colonialistas procurariam resgatar aspectos socioculturais e políticos contidos na complexidade de cada um dos países e regiões do globo, criticando os traços imperialistas, racistas e de subjugação contidos na proposta do liberalismo e da modernização ocidental.

Ainda segundo os teóricos do pós-colonialismo, o relacionamento entre poder e dominação construiu um conhecimento parcial e inadequado da realidade, ou seja, a cultura (acadêmica, literária e popular) operou a favor dos mais fortes e poderosos, ao incutir e disseminar valores e ideias das potências hegemônicas mundo afora.

Assim, o ocidente teria criado um enorme corpo de estudos sobre o "outro", que passaram a ser as narrativas dominantes sobre a realidade, eclipsando outras visões sobre a organização das relações internacionais. Por último, cabe destacar que os teóricos do pós-colonialismo visam opor-se à violenta injustiça causada pelas disparidades econômicas e sociais como forma de vencer as diferenças perpetuadas nos últimos séculos entre os povos.

Questões para discussão

1. Quais as principais características definidoras do campo de estudo das Relações Internacionais?
2. Dimensione o debate entre idealistas e realistas nas Relações Internacionais.
3. Diferencie vulnerabilidade e sensibilidade, utilizando um caso prático da vida internacional.
4. Disserte sobre os impactos do fim da Guerra Fria no campo de estudo das Relações Internacionais.

Para saber mais

ASSOCIAÇÃO BRASILEIRA DE RELAÇÕES INTERNACIONAIS. Disponível em: <http://abri.org.br/site/>.

BEDIN, Gilmar Antonio et alli. *Paradigmas das Relações Internacionais:* Realismo, idealismo, dependência, interdependência. 2. ed. rev. Ijuí: Ed. UNIJUI, 2000.

BRAILLARD, Phillipe. *Teoria das Relações Internacionais*. Lisboa: Fundação Calouste Gulbenkian, 1998.

CARDOSO, Fernando Henrique; FALETO, Enzo. *Dependência e desenvolvimento na América Latina*. Rio de Janeiro: Zahar, 1984.

KUHN, Thomas S. *A estrutura das revoluções científicas*. 6. ed. São Paulo: Perspectiva, 2001.

MERLE, Marcel. *Sociologia das Relações Internacionais*. Brasília: Editora UnB, 1981.

MORGENTHAU, Hans. *A política entre as nações*. Brasília: Editora UnB/IPRI, Imprensa Oficial do Estado de SP, 2003.

REVISTA BRASILEIRA DE POLÍTICA INTERNACIONAL. Disponível em: <http://ibri-rbpi.org/rbpi-2/>.

Revista *Meridiano 47*. Disponível em: <http://ibri-rbpi.org/boletim-meridiano-47/>.

REVISTA MURAL INTERNACIONAL. Disponível em: <http://www.ppgri.uerj.br/public.html>.

ROCHA, Antonio Jorge Ramalho da. *Relações internacionais:* teorias e agendas. Brasília: Instituto Brasileiro de Relações Internacionais, 2002.

SOREANO PECEQUILO, Cristina. *Introdução às relações internacionais:* temas, atores e visões. Petrópolis: Vozes, 2004.

WALLERSTEIN, Immanuel. *Para abrir as ciências sociais.* São Paulo: Cortez, 1996.

CAPÍTULO 4

ATORES E AGENTES INTERNACIONAIS

Neste capítulo, o leitor será introduzido aos principais "responsáveis" pelas dinâmicas de internacionalização das sociedades, designados aqui como atores ou agentes. Os atores são definidos como os protagonistas de ações racionais, determinadas pela hierarquização de preferências, seleção de opções e análise do custo e benefício envolvidos em suas decisões. Os agentes seriam atores propositivos, imbuídos de responsabilidade, investidos de parâmetros morais, cuja identidade é reflexo das incessantes interações com outros atores, com o meio em que estão inseridos e com as estruturas que criam.

4.1 Sobre o Estado e suas derivações

O centro nervoso das Relações Internacionais são os Estados, entendidos como comunidades políticas independentes possuidoras de um governo que se preocupa com a segurança, que afirma a sua soberania com respeito a um espaço territorial definido por fronteiras e que possui um segmento da população humana. Vale lembrar que uma comunidade política, mantida unida por diferentes aspectos, tais como costume, origem étnica, religião ou língua, pode ou não constituir um Estado.

Logo, os Estados são soberanos na medida em que determinam os rumos de sua identidade nacional (território, língua, cultura e povo) e possuem independência com relação a agentes externos.

Um sistema de Estados se forma quando dois ou mais Estados têm contato regular entre si com impacto recíproco nas suas decisões, o que pode levar à constituição de um sistema internacional. Os tipos predominantes de interação entre Estados em um determinado sistema internacional são a cooperação, o conflito, a neutralidade e a indiferença recíproca. De toda forma, predomina uma rede de múltiplas pressões – militares, diplomáticas, estratégicas e econômicas – que amalgamam o sistema, induzindo alianças e confrontos ou constituindo padrões de amizade e inimizade.

Como consequência, estabelecem-se situações peculiares decorrentes das relações de poder entre cada uma das unidades de um sistema, como suserania e vassalagem, a exemplo do Império Romano e suas comunidades clientes; hegemonia permanente e indisputável, a exemplo da Grã-Bretanha ao longo do século XIX; competição política e econômica, a exemplo da Alemanha de Bismarck e seus vizinhos europeus engajados em uma corrida imperialista por mercados na África e na Ásia; domínio de regiões estratégicas pela presença de riquezas naturais como o petróleo, a exemplo da atuação dos Estados Unidos no Oriente Médio; e ainda a conformação de um Império, a exemplo da União Soviética e o estabelecimento de uma "cortina de ferro" sobre o leste europeu durante a Guerra Fria.

Identificam-se três tipos de condições transitórias para um Estado. Estados independentes podem ser definidos como entidades políticas que, em última instância, são capazes de tomar decisões sobre questões de natureza doméstica e externa. Estados hegemônicos são aqueles cuja potência extrapola a dos demais membros do sistema ou cuja autoridade influencia na operatividade do sistema – como na formulação de regras. Ademais, são hegemônicos os Estados que mantêm um canal de comunicação aberto com outros Estados no sentido de promover a estabilidade e garantir a sobrevivência do sistema.

No momento em que uma autoridade estatal passa a determinar a governabilidade interna de outras comunidades políticas, promove-se uma situação de domínio, como foi a conformação do *Commonwealth* no século XX, que ligava países como Canadá e Austrália à coroa britânica. De forma similar, quando um Estado passa a administrar diretamente diferentes comunidades, a partir de um centro de poder, e estabelece-se um império, como o Japão, que passou a exercer o controle direto sobre uma extensa área do Pacífico nos anos 30 do século XX.

Logo, em torno de um núcleo duro de administração direta irradiam-se poder e influência para as regiões circunvizinhas, gerando camadas de domínio, hegemonia ou preponderância, até que se alcancem os Estados independentes fora do controle ou da influência imperiais.

4.1.1 Sociedade de Estados

Uma sociedade de Estados se forma quando um grupo de Estados, conscientes de certos valores e interesses afins, formam uma sociedade e passam a se considerar ligados, no seu relacionamento, por um conjunto comum de regras e instituições. Da mesma forma, a partir do momento em que aquele grupo específico de Estados volta-se de maneira mais ou menos organizada para fora de sua região de origem, evidencia-se uma sociedade internacional. É importante lembrar que a simples interação entre Estados de diferentes regiões não demonstra a existência de uma sociedade internacional.

Dentre os valores e interesses comuns compartilhados pelos Estados apontam-se o respeito à independência, a vontade de honrar acordos e a necessidade de limitar o uso da força, bem como o estímulo à cooperação e ao funcionamento das instituições. Além disso, é fundamental que uma sociedade de Estados esteja fundada em uma cultura comum ou em uma ideia de civilização que aglutine idioma, religião, cosmovisões, normas estéticas e tradições artísticas. Com isso, é possível imaginar a construção de um quadro de regras e instituições padronizadas, como ocorreu na Europa com a implementação de um Banco Central e uma moeda única no século XXI.

4.1.2 Evolução histórica

Do ponto de vista histórico, o sistema de relações internacionais teve início com o tratado de Vestfália de 1648, que selou 30 anos de guerras na Europa e afirmou o papel do Estado como unidade fundamental das relações internacionais, definindo também seus elementos básicos, como as noções de territorialidade, nacionalidade, soberanismo e autodeterminação.

Entre os séculos XV e XVIII a religião facilitou a conformação de uma sociedade internacional cristã que evoluiu para uma sociedade internacional europeia. À medida que alguns processos históricos se impuseram, como as grandes navegações, as revoluções inglesa, americana e francesa, a revolução industrial, o imperialismo e as lutas anticoloniais, vários sistemas de diferentes regiões do mundo, como América, África e Ásia, tornaram-se interligados, operando transformações importantes no perfil do sistema internacional, que adquiriria características de uma sociedade de Estados.

Não obstante, a maior interconexão entre os países do mundo desembocou na mundialização de duas grandes guerras no século XX e na instalação de uma condição de bipolaridade entre Estados Unidos e União Soviética, a já mencionada Guerra Fria (1945-1991).

Com a revolução da informação, trazida pelo desenvolvimento de novas tecnologias de comunicação, como a internet, assim como pelos avanços no transporte e nos processos produtivos, desencadeou-se uma profunda modificação no relacionamento internacional. A mundialização da economia e a globalização de práticas e costumes fomentariam a cristalização de uma sociedade internacional global, ainda que não se tenha certeza quanto à existência de uma verdadeira base cultural e civilizacional global.

Alguns objetivos representam a razão de ser de um Estado ao longo dos séculos: preservar o sistema em que estava inserido, evitando que tendências hegemônicas, revoluções e guerras pudessem gerar caos e desordem; respeitar a independência e a soberania externa de outros Estados individuais; reconhecer a atuação de outros atores, como organizações internacionais, ONGs e indivíduos, na figura de líderes de grande envergadura; e cumprir as promessas feitas (*pacta sunt servanda*), tendo a paz como condição essencial para o estabelecimento de relações entre nações.

Não obstante, considerando o pressuposto de que a paz perpétua é uma das utopias das relações internacionais, outro objetivo dos Estados ganhou importância: justamente a limitação do uso da violência. Assim, países e seus governantes buscaram controlar a guerra como um meio político, preservar instituições como a diplomacia e fazer uso do direito à guerra em casos excepcionais, como a autodefesa. A distinção entre guerras justas ou injustas, parâmetro antigo de legitimação, foi superado por um conjunto de regras estabelecidas como Direito da Guerra.

Outro aspecto histórico importante das relações entre as nações foi o entendimento da marcante característica de que todos viviam em uma sociedade anárquica, na qual os Estados soberanos não estão sujeitos a um governo comum. Esse ponto de vista, desenvolvido no bojo da chamada escola inglesa, foi reforçado pela percepção de que o sistema internacional moderno não se parece com o estado de natureza de Hobbes, e que a ausência de um poder supranacional, como um governo mundial, não impediu a profusão industrial e tecnológica que acelerou o comércio e as finanças internacionais nas últimas décadas.

A ideia de uma sociedade anárquica comporta fenômenos dinamizadores como a interdependência econômica, política e cultural entre as nações, assim como outras fontes de ordem que não um governo supremo, como a existência de interesses mútuos, sentido de comunidade, vontade geral, hábito e inércia. Portanto, anarquia não significa desordem, é exatamente o contrário: os Estados se vinculam por um conjunto de normas que produzem ordem em meio à anarquia internacional.

Em primeiro lugar, há as regras de convivência, que limitam o recurso à violência na política internacional, disciplinam a guerra como instituição e definem os princípios de proporcionalidade, restrição e difusão das hostilidades. Além disso, prescrevem a conduta apropriada nas relações internacionais, como subordinação, qualificação (alcance) e cumprimento de acordos. Por último, visam estabelecer parâmetros de preservação de cada Estado sobre seu próprio território e população, evitando intervenções estrangeiras e ataques à soberania nacional.

Em segundo lugar, há as regras de cooperação com suas diferentes facetas: a econômica, a social, a política e a estratégica, que levam à convergência em uma série de áreas-assuntos. Com o desenvolvimento da cooperação vem o consenso entre os Estados sobre metas mais amplas, o que pode vir a fortalecer o ambiente de coexistência pacífica. Logo, pode-se afirmar que o vasto e cambiante corpo de normas, jurídicas e não jurídicas, fornece os meios pelos quais a sociedade internacional move-se de uma vaga percepção do seu interesse comum para a clara concepção do tipo de conduta exigida pela razão de sistema.

4.1.3 Instituições e regras

A literatura de Relações Internacionais considera as instituições internacionais como órgãos ou organismos constituídos a partir de acordos entre Estados. Entretanto, a escola inglesa vai mais além ao apresentar como instituições da sociedade internacional o equilíbrio de poder, o direito internacional, a diplomacia e as grandes potências, assim como a guerra.

Nessa visão mais ampla, as instituições seriam conformadas a partir de um conjunto de hábitos e práticas orientados para atingir objetivos comuns em uma sociedade internacional; elas atuariam como elemento aglutinador na lógica prevalecente de cooperação e conflito entre as nações. Cabe notar que tanto as regras como as instituições exercem funções ou desempenham papel positivo em ordenar as relações internacionais.

Nesse caso, os Estados podem ser considerados as principais instituições internacionais capazes de dar efetividade às normas internacionais, pois são responsáveis pela formulação, legislação e administração desse conjunto de regras. Na ausência de uma autoridade central, o cumprimento das regras cabe aos próprios Estados, que podem recorrer aos atos de autodefesa – inclusive atos de força – na defesa dos seus direitos.

Os Estados exercem também a função de dar legitimidade às regras, promovendo a sua aceitação como intrinsecamente valiosa. Porém, muitas vezes não há consenso sobre a necessidade de mudança de certas regras, e assim os tratados ou convenções multilaterais desempenham papel na mudança das normas. Destaque-se que os Estados também mudam regras ao violar ou ignorá-las sistematicamente, demonstrando que retiraram sua aceitação.

Caberia aos Estados, enfim, proteger as regras, em um cuidado que abrangeria as ações clássicas da diplomacia e da guerra com as quais os Estados procuram preservar o equilíbrio geral do poder no sistema internacional e também ajustar ou conter conflitos ideológicos, resolver ou moderar conflitos de interesse e limitar o acesso a armamentos e seu uso. Vale lembrar que a existência de grandes potências, atuando de acordo com seus interesses estratégicos, cria uma regra colateral de não interferência mútua nas respectivas esferas de influência.

4.1.4 Equilíbrio e balança de poder

Uma das principais categorias de análise das Relações Internacionais é o equilíbrio de poder. Na literatura anglo-saxã, associam-se os termos balanço (*balance*) e equilíbrio (*equilibrium*), definidos como derivações de situações estáticas e mecanismos dinâmicos de equivalência existentes na biologia, ecologia, química e física.

Para os estudos desenvolvidos em língua portuguesa, especialmente no Brasil, duas interpretações emergem com características peculiares: equilíbrio de poder e balança de poder. Mais do que preciosismo, tal distinção enriqueceria o próprio uso do conceito pelos internacionalistas.

Por um lado, o equilíbrio de poder traduziria uma imagem dinâmica e complexa das relações internacionais, descrevendo uma situação transitória e, em certa medida, conjuntural, desencadeada por políticas de Estado deliberadas de equiparação ou equivalência de meios de poder, como a compra de armamentos ou a formação de alianças.

A ideia de equilíbrio de poder tem múltiplo sentido, e pode ser utilizada para representar a igual distribuição de poder no sistema, o princípio (uma ideia posta em prática) de igual distribuição de poder no sistema e uma norma que evite o perigo de o poder ser desigualmente distribuído. Observa-se que a própria ideia de equilíbrio como distribuição equitativa de poder vai contra a necessidade da busca constante desse próprio equilíbrio: ou a distribuição existe de fato ou ela se torna apenas um objetivo que possivelmente vai ser alcançado.

Portanto, a necessidade do equilíbrio é oriunda do fato de que, sem ele, haverá uma tendência natural de cada unidade tentar ascender sobre as outras, o que poderá, em última instância, causar a destruição do todo. O equilíbrio, dessa forma, seria uma maneira de preservar o sistema; ele pode ser alcançado de três maneiras: compensações territoriais, armamento (rearmamento e corrida armamentista) ou estabelecimento de alianças.

Por outro lado, a noção de balança de poder seria uma imagem já cristalizada da política internacional, referindo-se à distribuição de capacidades no sistema, ao papel equilibrador de uma potência e à disposição nata do sistema em gerar equilíbrio.

Essa imagem seria, portanto, estática e simples, compondo um sistema de relações no qual imperaria, por certo tempo, uma equivalência nos polos de poder. A balança de poder poderia ser algo inevitável, inerente à própria natureza humana, ou uma tendência natural a se restabelecer toda vez que fosse perturbada.

É importante notar que a existência da balança de poder não implica a situação de equidade entre as unidades. De fato, dois padrões seriam observáveis: a) uma balança que se realiza pela distribuição de poder entre duas partes que perseguem políticas semelhantes (o status quo e o imperialismo, por exemplo); b) a existência de um *holder* da balança, ou *balancer*, uma espécie de árbitro que joga conforme a situação relativa que lhe seja mais favorável.[1]

Do ponto de vista histórico, a balança de poder na Europa foi se afirmando a partir de práticas sistemáticas anti-hegemônicas que serviram ao propósito de estabelecer um equilíbrio

1 MORGENTHAU, Hans. *A política entre as nações*: a luta pelo poder e pela paz. Brasília: UnB, IPRI, 2003.

entre as potências para preservar a pluralidade de interesse e ao mesmo tempo limitar a competição interna; com isso, a própria natureza da sociedade internacional seria preservada.

Algumas vezes, contudo, a utilização da força mostrou-se necessária. Isso porque as grandes potências possuem a responsabilidade maior de preservar, a todo custo, as bases da sociedade internacional. Assim, quando o equilíbrio de poder é alterado – por políticas imperialistas, por exemplo – e o diálogo diplomático falha, a utilização da força ou do poder militar torna-se um recurso legítimo para proteger a sociedade internacional de um colapso.

O equilíbrio de poder pode ser classificado como simples, compreendendo duas potências em busca da paridade de poder; complexo, abarcando três ou mais potências, inclusive potências menores que podem se juntar contra a maior; fortuito, ou algo espontâneo, que nasce das dinâmicas de segurança de um sistema; e arquitetado ou intencional, originado pelas políticas de aliança e acoplamento das potências.[2]

As inúmeras acepções do termo balança/equilíbrio demonstram a complexidade de definição do conceito. Independentemente das diferentes classificações, reconhece-se a pluralidade de significados que o termo pode ter. Muitas vezes, a balança de poder está associada à estabilidade e chega a ser sinônimo de paz; em outras ocasiões, a guerra e instabilidade. A própria interpretação do termo também está associada à corrente teórica utilizada pelo pesquisador.

A ideia de equilíbrio de poder fica clara quando se voltam os olhares para a política europeia dos séculos XVIII e XIX. A emergência de guerras limitadas e de desafios imperialistas como a política de Napoleão na França, passando ainda pela conformação do concerto europeu no Congresso de Viena de 1815 até a crise da pentarquia europeia de base multipolar e a eclosão da Grande Guerra em 1914, foram acontecimentos que orbitaram em torno do conceito de equilíbrio de poder.

No sistema internacional de hoje, a prática do equilíbrio de poder foi afetada pelo advento das armas nucleares, criando situações peculiares de "equilíbrio de terror" e outras nas quais o lado mais fraco, como a Coreia do Norte, possui força suficiente para destruir o mais forte, e originando ainda a eclosão do medo do terrorismo nuclear. Logo, a correlação entre equilíbrio de poder e dissuasão nuclear modificou a questão da estabilidade e do controle de armamentos, produzindo nas sociedades um receio generalizado de que um enfrentamento entre potências nucleares ou o domínio dessa tecnologia por grupos terroristas levaria ao extermínio da raça humana.

De fato, equilíbrio de poder e balança de poder continuam sendo conceitos úteis para explicar frações da realidade internacional, mas não a sua totalidade. Assim, a diversificação do poder em fontes e manifestações, como organizações internacionais, corporações transnacionais e ONGs, tem moldado o curso da história tanto quanto o equilíbrio de poder.

2 BULL, Hedley. *A sociedade anárquica*. Brasília: UnB, IPRI, 2002; MORGENTHAU, 2003.

4.2 Organizações Internacionais (OIs)

À proporção que os Estados sentiram a necessidade de melhorar o nível de diálogo sobre assuntos diversos, pois normalmente restringia-se a alianças circunstanciais, optaram por um processo de institucionalização de relações multilaterais, estimulando a aceitação de regras, reconhecimento do outro e convivência entre diferentes tipos de Estados – pobres, ricos, desenvolvidos ou em desenvolvimento. Dava-se passo decisivo à democratização do espaço internacional a partir da definição de um novo lócus de poder e influência.

As Organizações Internacionais (OIs) são consideradas molduras permanentes de consulta e decisão, mas podem perecer diante de crises e grandes cismas internacionais, como foi o caso da Liga das Nações (LN). Criada em 1919 após a Grande Guerra (1914-1918), a LN sucumbiu pela ausência de grandes potências e pela incapacidade de manter a ordem diante de conflitos e disputas.

Como resultando da Segunda Guerra Mundial (1939-1945), foi criado um arcabouço de instituições internacionais, como a Organização das Nações Unidas (ONU), o Banco Internacional para Reconstrução e Desenvolvimento (BIRD) e o Fundo Monetário Internacional (FMI), cuja missão seria reger a nova ordem internacional no plano político, comercial, financeiro e de segurança.

Vale ressaltar que a ONU estabeleceria um esquema guarda-chuva de instituições, organismos e programas para atacar a crescente demanda e especialização dos problemas internacionais. Ilustram isso a Organização Internacional do Trabalho (OIT), a Organização Mundial da Saúde (OMS), a Organização das Nações Unidas para a Educação, a Ciência e a Cultura (UNESCO), o Programa das Nações Unidas para o Desenvolvimento (PNUD-1965) e o Programa das Nações Unidas para o Meio Ambiente (PNUMA-1972).

Toda OI possui três elementos básicos: missão, objetivos e estrutura própria. No tratado constitutivo coloca-se a referência clara e objetiva à missão a ser desempenhada pela OI como a "promoção da paz e da estabilidade internacional" ou "alcançar o mais alto grau possível de saúde aos povos".

A UNESCO, por exemplo, mantém escritórios em vários países do mundo e tem como missão contribuir para a paz com a educação, a ciência e a cultura. No bojo da UNESCO desenvolvem-se inúmeras pesquisas e projetos, abordando temas como violência, drogas e AIDS nas escolas ou experiências de êxito que servem de modelo para a melhoria da condição social dos países.

Os objetivos são os parâmetros norteadores da atuação de uma organização internacional e especificam o que a missão trata de forma geral. A OIT, por exemplo, foi criada com a missão de estabelecer regras de proteção ao trabalho, e definiu como objetivos pensar princípios de boas relações trabalhistas, comparar situações laborais e sociais em diferentes países e divulgar informações sobre o trabalho no mundo.

Além de missão e objetivos, uma OI possui uma estrutura com sede própria, onde se abriga um corpo burocrático responsável pela elaboração de projetos e execução de decisões – como a Agência Internacional de Energia Atômica (AIEA), criada em 1957; ainda que sob o guarda-chuva da ONU, possui uma sede física em Viena d'Áustria, onde se estabelece o escritório do diretor-geral, a conferência geral e a junta de governadores.

A missão da AIEA é garantir o uso pacífico da energia atômica e sua utilização para a prosperidade e saúde do mundo, ou seja, tornar-se o ponto focal global para a cooperação nuclear. A AIEA ainda tem como objetivos o desenvolvimento de pesquisas e a promoção de debates em conferências para frear a disseminação incontrolada da tecnologia nuclear para fins bélicos. Além disso, a agência está habilitada a promover inspeções regulares em programas nucleares de diferentes países.

A definição de uma missão, seus objetivos e estrutura física, com sede e burocracia, é formalizada pela assinatura de um tratado constitutivo que dá personalidade jurídica para aquela determinada OI atuar internacionalmente. Além disso, as OI adquirem uma identidade própria na medida em que os diferentes Estados que a criaram compartilham objetivos e interesses, bem como assumem posturas solidárias quanto às assimetrias existentes no mundo. Logo, as OIs legitimam-se perante a sociedade de Estados por sua capacidade de responder aos problemas da agenda global e de se adaptar às transformações das relações internacionais.

Como um organismo especializado, criou-se no seio da ONU, por exemplo, a Organização das Nações Unidas para a Agricultura e Alimentação (*Food and Agriculture Organization* – FAO). Nos anos posteriores à Segunda Guerra Mundial, os esforços da FAO se centraram em grande parte nos países da Europa e no Japão, dentro das medidas de reconstrução da infraestrutura produtiva.

Nos anos 1960-1970, o avanço da descolonização e a independentização de países na África e na Ásia ampliou o quadro de membros da FAO e exerceu grande impacto sobre as prioridades dessa OI, que passou a assumir novas responsabilidades, como a provisão de assistência financeira e técnica aos países daqueles continentes. Modernamente, a FAO tem estabelecido conferências regulares para tratar de temas como insegurança alimentar e criação de um fundo de amparo a países pobres.

As OIs assumem diferentes papéis, dependendo da perspectiva teórica que se adote. Para os realistas, as OIs representam a visão dos mais fortes, ou vitoriosos, em momentos após crises e conflitos. Além disso, podem ser definidas como uma coleção passiva de regras e estruturas por meio das quais outros países agem; especialmente, como um instrumento político das grandes potências.

Enquanto para os idealistas as OIs seriam a solução definitiva para a paz e o caminho para a conformação de um governo mundial, para os liberais institucionalistas elas representariam uma força capaz de pelo menos mitigar a anarquia e amplificar a cooperação e coordenação de políticas nas relações internacionais.

Para os construtivistas, as OIs são participantes ativas da política mundial, não só reagindo a dificuldades existentes como definindo novas categorias de problemas a serem governadas e criando normas, interesses, agentes e tarefas sociais. Em suma, as OIs são agentes ativos de mudança global.

O Brasil tem sido protagonista em diferentes aspectos relacionados às organizações internacionais; por um lado, foi membro fundador da ONU e, por isso, abre sistematicamente as sessões da Assembleia Geral, o que em 2011 possibilitou o inédito discurso inaugural proferido por uma mulher, a presidente Dilma Rousseff.

Além disso, alguns diplomatas brasileiros ganharam notoriedade, como José Mauricio Bustani, à frente da Organização para Proibição de Armas Químicas (OPAQ), pressionado a deixar o seu cargo de diretor-geral em 2002; ou Sergio Vieira de Mello, diretor do Alto Comissariado das Nações Unidas para Refugiados (ACNUR), morto após um atentado contra um prédio da ONU na capital iraquiana, após ter sido enviado a Bagdá em 2003 como assessor especial de Kofi Anan, então secretário das Nações Unidas.

Por último, é preciso compreender que uma OI pode ter um escopo regional. Nesse caso, merece atenção a Organização dos Estados Americanos (OEA), da qual o Brasil faz parte. Sua missão essencial é preservar a paz e a segurança do continente americano, e seus objetivos principais incluem a promoção e consolidação da democracia representativa, a não intervenção nos assuntos internos, a prevenção e solução pacífica de controvérsias, a organização solidária em caso de agressão externa, a promoção do desenvolvimento pela cooperação etc. Para isso, além da Carta de Bogotá, foi assinado em 1948 um documento jurídico sobre procedimentos decisórios e uma declaração sobre direitos humanos.

O funcionamento da OEA se dá pela Reunião de Ministros de Relações Exteriores e por uma Assembleia Geral, na qual se discutem as principais questões envolvendo a região e seus países. Além disso, são instâncias relevantes da OEA o Conselho Interamericano Econômico e Social e a Corte Interamericana de Direitos Humanos.

4.3 Atores não estatais

Além dos Estados e das OIs, considerados atores natos das relações internacionais, uma gama variada de atores não estatais apresenta-se no palco da sociedade global no século XXI. Corporações transnacionais, grupos terroristas, forças transnacionais (como religiões e ideologias), agências e burocracias internas passam a responder por grande parte das dinâmicas de internacionalização das sociedades.

A questão da relevância dos atores ou agentes depende do tipo de imagem paradigmática ou perspectiva teórica adotada pelo internacionalista. Para um realista, por exemplo, o Estado é o ator dominante, enquanto para um pluralista, idealista ou neoliberal, as burocracias dentro do Estado são decisivas para explicar o comportamento internacional de um ator.

Já para o construtivista, as ideias que materializam as políticas de Estado passam a significar mais do que os fins ou os meios em si mesmo.

A cooperação e o confronto são duas manifestações históricas importantes da humanidade, mas não podem se restringir ao escopo estatal. Os atores não estatais, algumas vezes designados "privados", foram secundarizados pela ortodoxia do pensamento das Relações Internacionais. Como consequência, uma gama de atores, como bancos, agências de risco internacional, organizações não governamentais, sindicatos, igrejas e organizações criminosas, esteve relegada a segundo plano.

Entretanto, as transformações operadas nas comunicações e a velocidade na troca de informações ampliaram os canais de contato entre sociedades, dando novo significado ao papel desempenhado por outros agentes dentro dos Estados e em diferentes governos. Esses atores passaram a ter um rol ativo em diversos tabuleiros da arena internacional ao demonstrarem capacidade de pressionar, convencer e afetar as decisões do Estado.

É importante lembrar que o surgimento dos atores não estatais no horizonte da sociedade global levou a dois processos decisivos: a dispersão do poder, também identificada por alguns estudiosos como *apolaridade* ou ausência de polos claros de poder internacional; e a especialização de funções, ou seja, a identificação de atores não estatais com temas específicos mediante a construção de teias de relações que ultrapassam o Estado.

O efeito desses dois processos foi a redução ou relativização da soberania estatal, em favor de uma nascente sociedade civil transnacional, conformada por um conjunto de atores imbricados e motivados por diversas causas, como proteção aos direitos humanos, extinção de armas nucleares ou reorganização do sistema financeiro internacional. Um exemplo disso foi o movimento "Ocupe Wall Street", que eclodiu no fim de 2011, contra os grandes bancos e financeiras nos Estados Unidos.

Fala-se, portanto, em uma governabilidade múltipla, não apenas sob controle do Estado, mas compartilhada e pulverizada em indivíduos, grupos e agentes subnacionais que passam a atuar além das fronteiras.

4.3.1 Transnacionalidade

De acordo com a visão pluralista, as relações internacionais foram modificadas pela multiplicação dos polos de poder, pela diversificação da agenda de discussões (com temas como meio ambiente e direitos humanos) e pela quebra da hierarquia tradicional entre temas de alta política (como segurança e defesa) e baixa política (como questões sociais, econômicas e ecológicas); em suma, abriram-se dimensões paralelas ao Estado para a cooperação e o conflito de atores e agentes internacionais.

A transnacionalidade se refere a um processo de empoderamento ou aquisição de poder por parte de indivíduos, associações e grupos sociais que passam a atuar para além das fronteiras nacionais. Além disso, significa a conformação de redes de contato entre atores de diferentes países para tratar de temas semelhantes, seja com o auxílio do Estado, seja atuando à margem dele. De mais a mais, refere-se à conformação de fluxos de pessoas, recursos, comércio e finanças, ideias, valores e práticas que perpassam os limites tradicionais dos Estados.

Portanto, as relações internacionais têm suas dinâmicas afetadas por forças transnacionais, que emanam de dentro para fora e de fora para dentro dos Estados; elas se sobrepõem entre si e alimentam uma interdependência complexa dos variados atores internacionais. Essas forças seriam movimentos ou correntes de solidariedade de origem variada que tentam se estabelecer sobre as fronteiras e através delas, fazendo valer seus interesses no sistema internacional.

São diversas as manifestações das forças transnacionais, como o Islã, a Igreja (católica, protestante ou evangélica) e as religiões; a Anistia Internacional, a Cruz Vermelha, os Médicos sem Fronteira, e o humanitarismo; o Exército Republicano Irlandês (IRA), a Al Qaeda e o terrorismo internacional. Essas forças geram múltiplos fenômenos políticos, com repercussões econômicas e sociais, como o deslocamento de pessoas, capitais e ideias, que escapam ao controle amplo do Estado.

4.3.2 Corporações transnacionais

A corporação ou empresa pode ser definida como internacional, transnacional ou global, dependendo da origem, escopo de atuação e alcance de sua influência. De maneira geral, a corporação caracteriza-se pela capacidade de investir recursos no exterior e controlar bens móveis e imóveis em outro país, além de estabelecer partes de sua cadeia de produção fora do país que a originou.

De modo simplificado, pode-se dizer que, quando uma empresa nacional como a Petrobras passou a atuar em alguns ramos – como prospecção e exploração – fora do Brasil, ela se internacionalizou. E na medida em que essa mesma empresa petroleira diversificou seus nichos de atuação no exterior, como transporte, refino e comercialização, estabelecendo um aparato burocrático e decisório em outros países, assumiu um perfil transnacional.

A Nike, por exemplo, manteve a definição de suas estratégias de marketing, diversificação de investimentos e pesquisa nos Estados Unidos; passou a desenvolver modelos e tendências em outros países com importantes mercados, como a Europa; destinou a produção de componentes como cadarços, palmilhas e solas dos tênis para países periféricos, como Vietnã e Indonésia; e descentralizou a montagem do produto final em fábricas especializadas, em países com baixo custo relativo, como Taiwan ou Argentina, para reexportação a diferentes mercados.

Assim, quando uma empresa passa a ter seus investimentos e mantenedores, como acionistas e diretores – e também sua cadeia de produção –, pulverizados em diferentes partes do mundo, mantendo ainda a sede da empresa localizada em um país distinto de onde ela se originou, pode ser considerada uma corporação global.

Do ponto de vista teórico, as Corporações Transnacionais (CT) adquirem diferente peso de acordo com o prisma escolhido para análise. Para os realistas, as corporações eram vistas como subordinadas aos Estados, agindo muitas vezes sob seus interesses, ou pelo menos se adequando ao seu poder.

A crítica liberal apontaria as corporações como atores que possuem interesses diversos e dissociados dos interesses estatais. As corporações surgem como importantes atores na arena internacional, principalmente pelo seu desenvolvimento e difusão tecnológica mediante fusões e incorporações, que desafiam a preeminência do Estado, e também pela definição de padrões de consumo globais. Em suma, as corporações interferem nas relações internacionais pela manufatura e disseminação de uma cultura macro ditada fora do controle do Estado.

Para os globalistas e teóricos críticos, as corporações seriam "fantoches" do capitalismo mundial, que buscam perpetuar a lógica de desigualdades e segmentação entre o Norte desenvolvido e o Sul subdesenvolvido. Já para os construtivistas, as corporações teriam seus interesses e valores, ou seja, sua identidade, constituídos pela interação com outros agentes, como ONGs, OIs e o próprio Estado, seja ele o país de origem ou o hospedeiro.

As corporações então representariam um novo ator na arena internacional e ao mesmo tempo uma nova arena de cooperação, conflito, complementaridade e cooptação entre Estados, OIs e outros atores não estatais.

Além do debate teórico, persistiu durante algum tempo um embate entre duas visões acerca do papel das corporações. Por um lado, eram vistas como vetores da modernização técnica e tecnológica do país hospedeiro, assim como da atualização do quadro de leis e regras daquele país – nas áreas ambientais e trabalhistas, por exemplo. Além disso, a instalação das corporações traria como benefício um influxo de investimentos produtivos que seriam revertidos na infraestruturação de regiões e cidades, melhorando a qualidade de vida das populações locais e a saúde da economia nacional.

Por outro lado, essas corporações deveriam ser responsabilizadas por possíveis práticas de exploração trabalhista, como excesso de horas, uso do trabalho infantil, remuneração inadequada, desrespeito às legislações internas e às convenções da Organização Internacional do Trabalho (OIT). Ademais, elas interferem na vida política da nação, quando ameaçam não reinvestir o prometido ou pressionam pela adoção de leis que as beneficiem, ou mesmo quando fazem *lobby* e financiam campanhas de partidos e candidatos favoráveis aos interesses das empresas, que em certa medida espelham os interesses de alguma potência estrangeira. Dessa maneira, estimulam a corrupção dentro do país hospedeiro.

Além do mais, a atuação das CTs traz como reflexo a degradação do meio ambiente. Exemplos disso são a poluição dos igarapés, lençóis freáticos, rios e mares; a devastação da cobertura florestal e a destruição de biomas e espécies da fauna e flora locais, além do lançamento de grande quantidade de gases de efeito estufa na atmosfera.

A explicação para a terceirização da produção das corporações para países periféricos se baseia na lógica produtiva, estimulada pela globalização. Com a terceirização, aproveita-se: a baixa renda das populações locais, devido aos baixos salários pagos; a escassez de oportunidades de emprego; os incentivos governamentais locais, como isenção fiscal e subsídio energético; além da abundância de recursos naturais e de espaço produtivo.

Entretanto, ações ou inações com consequências negativas, como o descaso com os consumidores, meio ambiente e populações locais, podem afetar a imagem de uma corporação, como o vazamento da plataforma da Chevron na Baía de Campos ocorrido em 2011, no Rio de Janeiro.

4.3.3 Organizações Não Governamentais (ONGs)

ONGs são caracterizadas como entidades sem fins lucrativos que atuam em campos variados com algum tipo de recorte social, como o combate à fome e à pobreza ou a ajuda a países acometidos por catástrofes humanitárias ou ambientais. Assim, se internamente o chamado "terceiro setor" ganhou espaço na ausência do Estado, internacionalmente as ONGs passaram a cumprir funções cada vez mais complexas.

As ONGs procuram informar os consumidores a respeito das atividades de empresas, alertar populações sobre as ações de governos e governantes, pressionar pela adoção de medidas emergenciais ou induzir à formação de uma nova cultura comportamental. São atores desenhados para convencer decisores, eleitores e consumidores de que é possível e plausível fazer escolhas diferentes daquelas que tradicionalmente se tem feito.

Nesse sentido, ONGs promovem canais de cooperação que auxiliam na conformação e fortalecimento de regimes internacionais, facilitando formas de governança, além de promover interesses alheios ao Estado, suprindo carências sociais de comunidades vulneráveis. Do ponto de vista operacional, projetam e implementam projetos de desenvolvimento, e no plano ideacional, defendem e promovem causas específicas ao mesmo tempo em que influenciam políticas e práticas institucionais.

A principal forma de atuação das organizações internacionais não governamentais é a conformação de redes multitemáticas com força suficiente para equiparar-se ao Estado no provimento de assistência a setores carentes das sociedades, preenchendo lacunas deixadas pelas políticas públicas do próprio Estado. Nessa categoria encontram-se redes motivadas por ideais e valores compartilhados de alcance universal, como direitos das mulheres e práticas energéticas limpas.

As ONGs atuam tanto de maneira individual como pela conformação de coalizões, promovendo manifestações e demonstrações públicas e também atuando em foros consultivos e conferências internacionais a partir de um viés mais diplomático de negociação.

As negociações entre Estados alcançaram as sociedades nacionais pela atuação das ONGs e dos movimentos e forças transnacionais, que visam estimular uma consciência crítica sobre assuntos globais. Do ponto de vista prático, identifica-se a participação de representantes de ONGs e da sociedade civil global nas grandes conferências internacionais, assumindo posições críticas e promovendo debates em encontros paralelos, como o Fórum Social Mundial, criado para contrabalançar o Fórum Econômico de Davos.

As ONGs utilizam-se da mídia de massa como amplificador para suas demandas, tanto em campanhas "difamatórias", para afetar a imagem e a reputação de determinada empresa ou governo, como em ações teatrais e pitorescas, como posicionar uma pequena embarcação à frente de um navio baleeiro japonês ou acorrentar-se a uma árvore que será destruída para a construção da barragem de uma hidrelétrica.

O objetivo é impactar a visão de mundo e as práticas e hábitos das sociedades, ou seja, modificar a cultura dominante nas relações internacionais, ou pelo menos torná-la mais bem adaptada aos tempos de hoje. Por isso, as ONGs trabalham com governos, empresas e a coletividade em geral na adequação de normas e regras e na fiscalização, monitoramento e avaliação de políticas públicas, atuando também na elaboração de estudos técnicos que possam subsidiar decisores estatais e privados.

Em 2011, vivenciou-se no Brasil uma crise de confiabilidade em relação à atuação das ONGs, especialmente pela eclosão de graves denúncias do estabelecimento de "entidades fantasmas" e desvio de verba pública que deveria ser gerida por ONGs. Isso pode ocorrer porque, de maneira simplificada, as ONGs se sustentam pela execução de projetos em parceria com Estados ou empresas, seja pela administração direta dos recursos, seja pela cobrança de uma taxa de consultoria.

Assim, além dos desvios de conduta interna, outra discussão importante refere-se a organizações internacionais não governamentais financiadas por fontes estrangeiras (como governos e fundos diversos) que atuam em regiões estratégicas e ricas em recursos naturais, como a Amazônia brasileira. Nesse caso, debate-se incessantemente sobre a ingerência das ONGs nas políticas internas de países como o Brasil, que podem ver sua soberania e seu território ameaçados.

Dentre as ONGs mais atuantes encontram-se aquelas que vinculam sua agenda aos problemas ambientais, como o *Greenpeace International* e a *World Wildlife Fund* (WWF), que buscam financiar projetos de conservação, reflorestamento ambiental e assistência técnica em diferentes áreas e regiões do planeta.

Em síntese, as ONGs se destacam como atores das relações internacionais por sua capacidade de coordenar e desenvolver projetos sociais e de desenvolvimento sustentável em países da periferia do sistema internacional, ao mesmo tempo em que tornam mais difusas as clivagens entre Norte e Sul ou países desenvolvidos e em desenvolvimento.

Questões para discussão

1. Qual a diferença entre atores e agentes internacionais?
2. Qual a relevância do Estado para as Relações Internacionais diante das transformações operadas pelos avanços tecnológicos na era da informação?
3. Qual o peso dos atores não estatais na política mundial?

4. Quais mudanças tornariam as organizações internacionais como a ONU mais adequadas à realidade atual da política internacional?
5. Reflita sobre o papel do indivíduo nas relações internacionais, sua capacidade de engajamento na política e na sociedade, e também sobre sua interface com as questões internacionais.

Para saber mais

BULL, H. *A Sociedade Anárquica*. Brasília: UnB; São Paulo: Imprensa Oficial do Estado, 2002.

DEUTSCH, Karl. *Análise das relações internacionais*. Brasília: UnB, 1982.

GILPIN, Robert. *O desafio do capitalismo global*. Rio de Janeiro/São Paulo: Record, 2004.

GREENPEACE BRASIL. Disponível em: <ttp://www.greenpeace.org/brasil/pt/>.

HERZ, Monica. *Organizações Internacionais:* história e práticas. Rio de Janeiro: Elsevier, 2004.

MAGNOLI, Demétrio. *Relações Internacionais*: teoria e história. São Paulo: Saraiva, 2004.

ONU-Brasil. Disponível em: <http://www.onu-brasil.org.br/>.

REVISTA TRANSNATIONAL CORPORATIONS. Disponível em: <http://www.unctad.org/Templates/Page.asp?intItemID=2926&lang=1>.

ROSENAU, James; CZEMPIEL, Ernst-Otto. *Governança sem governo:* ordem e transformação na política mundial. Brasília: UnB; São Paulo, Imprensa Oficial de São Paulo, 2000.

SEITENFUS, Ricardo. *Manual das Organizações Internacionais*. 5. ed. Porto Alegre: Livraria do Advogado, 2008.

SMOUTS, Marie-Claude. *As novas Relações Internacionais*. Brasília: UnB, 2004.

WWF-Brasil. Disponível em: <http://www.wwf.org.br/>.

CAPÍTULO 5

SOBRE A DIPLOMACIA: O OFÍCIO DA NEGOCIAÇÃO

Neste capítulo, o leitor será apresentado à evolução histórica da negociação, desde os primórdios da diplomacia aos tempos modernos, e poderá compreender os elementos conceituais e constitutivos do ofício da negociação, especialmente aqueles que conformam a essência da diplomacia. Também poderá entender as interações da ferramenta diplomática com o direito, a política de dissuasão e a pluralidade dos atores existentes. Por fim, será discutida brevemente a diplomacia no Brasil.

5.1 Evolução histórica da negociação

Se nos dias atuais a prática diplomática encontra-se em estágio bem estruturado, isso decorre de milhares e milhares de anos de prática de convívio entre grupos de tamanhos bastante diferentes: clãs, tribos, comunidades, nações, países, organismos internacionais etc.

Antes mesmo de haver um sistema remotamente internacional, comunidades primitivas já se valiam de mensageiros para tratar de interesses comuns, vinculados a paz, guerra e religião. Esses enviados desfrutavam de respeito – "protoimunidade" pessoal – pelos outros agrupamentos, de sorte que tinham trânsito livre na realização de sua atividade.

Eles normalmente eram recebidos de modo cerimonioso. Sua missão parecia ter conotações sagradas, de maneira que eram pinçados entre os membros mais importantes daquelas pequenas coletividades. À medida que o relacionamento entre comunidades tornava-se cada vez mais ramificado e difuso, o aperfeiçoamento das ferramentas de negociação evoluiu, ainda que nem sempre no mesmo ritmo aguardado.

5.1.1 Primórdios da diplomacia

Há várias formas de negociação nas relações internacionais. A principal delas é a diplomacia, compreendida como um dos meios por que os países procuram de maneira cotidiana defender seus interesses.

É possível mencionar de modo seguro que uma de suas primeiras formas de manifestação foi o emprego de troca de mensagens entre civilizações quase legendárias, o que ocorreu no Egito, na Babilônia, na Pérsia, na Assíria, no Império Hitita e na Judeia, de acordo com a leitura do Antigo Testamento (Livro dos Reis, Livro de Samuel e Livro dos Juízes), e também na China e na Índia (onde havia um conjunto de pequenos reinos designados Mahajanapadas), sobre os quais há vários registros do uso da negociação entre povos antes do recurso à força.

Somente para exemplificar, evoque-se o *Código de Manu*, antiga coleção de textos hindus. Em seu Capítulo VII, parágrafo 65, estabelece-se que o exército depende do comandante; o devido controle do exército, da fazenda (tesouro) e do governo, do rei; e a paz e seu contrário, a guerra, do embaixador.

Tradicionalmente, escolhiam-se nas coletividades os representantes mais capacitados fisicamente para levar mensagens a outras comunidades. Os portadores normalmente não eram autorizados a debater o teor da comunicação com os eventuais receptores.

Esses enviados desfrutavam de *status* especial em ambos os lados, uma vez que eles deviam retornar ao seu próprio povo em um prazo delimitado, com o objetivo de relatar o posicionamento do outro grupo. Seus comunicados poderiam garantir a paz ou desembocar em guerra, como anteriormente mencionado.

Na Antiguidade, muitos povos consideravam os estrangeiros como "impuros". Era comum a realização de rituais com a finalidade de purificá-los, independentemente do motivo do deslocamento. A fim de resguardar as pessoas que estavam em missão oficial, amadureceu-se a ideia de identificá-los por símbolos e de conceder a eles tratamento diferenciado: eis a origem da imunidade diplomática.

Na Grécia Antiga, a divindade protetora dos emissários era Hermes, deus das viagens e dos caminhos (entre outras funções). No século V a.C., as inúmeras cidades-estado gregas entrelaçavam-se cada vez mais do ponto de vista político, militar e comercial. Os primeiros negociadores foram os *proxenos*, habitantes de uma *polis* escolhidos por outra para defender o interesse da segunda junto à primeira.

Os emissários por si já não bastavam, e as missões tornaram-se coletivas. Entre os gregos antigos, era comum a defesa dos interesses externos através de ligas ou coligações. O sistema havia se tornado mais complexo; por isso, era imperativo ter cidadãos preparados também intelectualmente.

Oradores com boa retórica, boa memória e larga experiência faziam-se necessários para explicar seu ponto de vista perante uma assembleia estrangeira; assim tinham que passar pelo Senado, na ágora – praça principal da cidade –, e a ela responder prontamente. Retiravam-se na hora da votação, e em seguida era-lhes comunicada a vontade daquela cidade-estado.

O caso mais famoso envolvendo os emissários em solo grego aconteceu no período anterior ao já mencionado conflito no Peloponeso (península ao sul da Grécia), ocorrido na primeira metade do século V a.C. Ele é relatado por Tucídides na *História da Guerra do Peloponeso*. Naquela época, as missões oficiais entre as cidades-estado eram bastante comuns.

Testemunha de parte dos debates na época, o autor narrou as desavenças comerciais das cidades de Corinto e Mégara contra a poderosa Atenas. Esta enviou uma delegação a Esparta, outra grande potência, defensora das duas cidades após elas terem exposto suas queixas. Na ágora espartana, os diplomatas atenienses tiveram ciência das acusações, sem poder refutá-las, dado que o povo havia decidido posicionar-se a favor da guerra, ou seja, pela punição de Atenas por desrespeitar acordos comerciais. Após a decisão enunciada, os enviados puderam retornar à sua cidade a fim de comunicar a medida desfavorável. A saída segura demonstrava o costume de respeitar o estrangeiro em missão oficial.

Por sua vez, Demóstenes, em sua obra *Embaixada falsa*, pondera que um embaixador era responsável pelos relatórios, pelos conselhos, pelas instruções recebidas, pelo tempo gasto e, por último, pelo comportamento no tocante a determinado assunto. A palavra de um diplomata era importante porque ele não possuía soldados, marinheiros, navios ou fortes.

Esse autor menciona que em Atenas havia a presença de arautos, mensageiros da guerra que detinham os cargos de forma temporária, e também de embaixadores, emissários da paz e representantes permanentes. Enquanto os diplomatas podiam tratar dos assuntos sob sua responsabilidade, os arautos eram meros mensageiros.

Já na Roma Antiga, a elite decidiu ser mais necessária a presença de militares (legionários) do que de negociadores (diplomatas). Na prática, a regra era a submissão de um povo em troca da sobrevivência. Se houvesse resistência, não haveria comiseração, e sim, destruição e escravidão.

A maior contribuição do vetusto povo romano no campo das questões internacionais foi para a área do Direito Internacional. A observância ao teor acordado nos contratos era respeitada tanto interna como externamente.

O nome dado a uma missão externa daquela civilização era *legatione*, que originou o termo *legação* em português, inferior apenas à embaixada; o embaixador era referido como *legatus*. Já o mensageiro era o *nuntius*, nome atualmente adotado pelos representantes da Santa Sé (núncios), mas com atribuições bem mais amplas.

Na Roma Republicana, a inviolabilidade do *status* do embaixador era sobejamente aceita. Julio César, em seu *Comentários sobre a Guerra Gálica*, descreve a punição a um povo – os vênetos – por aprisionar emissários romanos responsáveis por adquirir trigo para as tropas. A sanção foi para que não ocorresse mais o desrespeito ao direito dos embaixadores, considerado um dos elementos diferenciadores entre povos civilizados e bárbaros.

Destaque-se também o *Jus Gentium*, desenvolvido com o propósito de regular as tratativas entre nacionais e estrangeiros, e o *Jus Naturale*, amadurecido para disciplinar de forma universal as relações entre todos os membros da República e mais tarde do Império, independentemente da nacionalidade ou religião. Aos seus próprios cidadãos, aplicava-se o *Jus Civile*. De início, Roma contribuiu de maneira mais teórica do que prática na diplomacia.

No final de sua existência, o Império Romano, com nova capital Bizâncio, teve de valorizar mais a ação diplomática, diante do número crescente de investidas de outros povos em seu território e do aumento de fronteiras para defender.

Assim, Roma precisava assegurar de modo simultâneo um relacionamento harmonioso com os povos fronteiriços, ainda que isso ocasionasse a utilização de toda sorte de presentes – e mesmo subornos – àqueles dirigentes, espraiar discórdia entre as possíveis nações invasoras e também converter ao cristianismo o maior número possível de pessoas, como forma de alcançar mais harmonia administrativa interna.

Com a derrocada de Roma no Ocidente (dado que a parte oriental, Bizâncio, sobreviveria por quase mais um milênio), houve o surgimento de novos países, depois divididos em milhares de unidades, na parte material, e a consolidação de uma nova autoridade, a Igreja, na parte espiritual.

Com a descentralização política e administrativa, o comércio retrocedeu, e as unidades políticas tornaram-se introspectivas, voltadas para si mesmas – eis a duradoura Idade Média. Dessa maneira, houve uma interrupção na evolução das práticas diplomáticas na antiga parte ocidental do Império Romano. Fragmentada a Europa, sua vinculação política, não administrativa, resumia-se ao Papado ou ao titular do Sacro Império Romano-Germânico.

No lado oriental romano, Bizâncio, manteve-se a diplomacia costumeira, porém adaptada aos novos tempos: de quando em quando enviaria emissários para o Papado e para a França, o mais poderoso dos reinos ocidentais.

O Papado enviava missões regulares a Bizâncio desde o século V, e mais tarde adotaria o mesmo costume com os francos, primeiro povo germânico a converter-se ao cristianismo, graças ao rei Clóvis (modernamente, Luís).

Todavia, em vez de a diplomacia ser utilizada para a solução de diferenças, foi empregada para semear discórdia. Dessa maneira, em vez de tentativas de cooperação, houve a aplicação de manobras de dissolução, até por desconfiar-se do objetivo dos enviados ocidentais – havia a suspeita de espionagem. Os herdeiros dessa concepção negativa da diplomacia teriam sido Veneza e Rússia. A partir deles, ela se espalharia pela Europa.

Independentemente da terminologia adotada ao longo da Idade Média, os diplomatas eram os agentes do rei encarregados de mediar negociações, e a partir do século XIII, o termo embaixador começa a prevalecer sobre os demais, a partir das cidades-estado de Veneza, Gênova, Florença e Milão.

No século XIV, Portugal, talvez por influência de documentos do Papado, já emprega a palavra, de remota e incerta origem. A partir de então, com exceção do Papado, os demais países europeus consagram seu emprego.

5.1.2 Diplomacia moderna

Até a Idade Moderna, teóricos ainda mencionavam que os primeiros "diplomatas" teriam sido os anjos (*angeloi*), mensageiros entre o céu e a terra. Entretanto, no final do período medievo, houve uma renovação da arte diplomática na península italiana. De certo modo, o final da Idade Média assistiu a um contato cada vez mais crescente entre os soberanos.

Assim, por volta do início do século XIV, algumas cidades-estados do norte daquela região progressivamente cunharam uma prática econômica inovadora que se mostraria decisiva para o destino do mundo: o capitalismo.

As inovações acarretaram uma série de procedimentos ainda hoje válidos: o equilíbrio de poder, a diplomacia permanente e a profissionalização das forças armadas. Nomes daquela época que serviram como diplomatas celebrizaram-se também nas letras e na politologia, como Dante Alighieri (1265-1321) e Francesco Petrarca (1304-1374).

Para alguns pesquisadores, os milaneses estabeleceram sua primeira representação permanente em Gênova no ano de 1455. Para outros, isso já havia sido estabelecido em 1425, ao manter por sete anos um representante permanente na Hungria, local cujo rei acumulava a titularidade do Sacro Império Romano-Germânico. Na mesma década, o envio de diplomatas permanentes entre algumas cidades-estados da península da Itália tornou-se relativamente comum, com destaque para as cidades-estados do norte, como Veneza, Milão e Gênova. Os Estados Pontifícios, embora recebessem representantes desde a segunda metade do século XV, não reciprocavam a prática até o início do século XVI, quando passaram a enviar diplomatas para a Espanha (berço da família do Papa, Lanzol i Borja/Bórgia), França e Veneza, prática consolidada no século XVII.

Em 1460, os savoiardos – oriundos do ducado de Saboia – enviaram uma representação a Roma. Em 1496, os venezianos indicaram dois cidadãos em Londres para conduzir seus interesses comerciais. Logo depois, outras cidades italianas fixariam missões em Paris e Londres. Na época, os enviados eram representantes pessoais do chefe de governo, não do Estado.

Portugal teve em Roma sua primeira representação permanente, a datar de 1512. Até o fim da dinastia de Avis em 1580, momento em que passa a compor o império espanhol, o país teria missões fixas nos Estados Pontifícios, Espanha e França.

Após recuperar sua independência em 1640, alargou o rei português o antigo costume, até em vista da necessidade de garantir a soberania do país novamente. A atenção voltou-se para França, Inglaterra, Países Baixos e Estados Pontifícios. A Espanha só reconheceria a independência lusa em 1668.

No mesmo século, os contatos diplomáticos na Europa limitaram-se por causa da Reforma Protestante, que estabelecia a religião como ponto de partida para o relacionamento bilateral.

Somente após a Paz de Vestfália, em outubro de 1648, a situação alterou-se. As demoradas negociações durante a Guerra dos 30 Anos fomentaram o exercício da diplomacia multilateral. Instituiu-se o compromisso de se reconhecer o direito de uma população de adotar o regime político, econômico e religioso que lhe aprouvesse. Dessa feita, estabeleceu-se o respeito formal à soberania – de certo modo, um livre-arbítrio de uma coletividade. Portugal teve participação acessória nos debates, por conta da férrea oposição da Espanha, insatisfeita com a aspiração de independência do vizinho.

As tratativas multilaterais continuaram no começo do século XVIII, em virtude do Tratado de Utrecht/Utreque de julho de 1713, que pôs termo à disputa sucessória na Espanha. Acordaram 15 países posição em torno da dinastia substituta dos Habsburgos: os Bourbons, mantidos até hoje no trono espanhol.

No século XIX, o sistema internacional consolida-se, a datar do Congresso de Viena (1815). Com a derrota da França napoleônica, ocorrida somente em junho de 1815 por uma coligação composta por 15 exércitos tendo à frente a Grã-Bretanha na famosa batalha de Waterloo, na Bélgica, diversas potências reuniram-se com o objetivo de estabelecer novas regras para o jogo de poder dentro e fora da Europa.

Outra característica importante do mundo pós-Viena foi a sistematização dos diferentes costumes diplomáticos em uma etiqueta comum, ou seja, em um conjunto de regras de protocolo. Definiram-se quatro tipos de diplomata: embaixador e legado pontifício, ministros plenipotenciários, ministros residentes e encarregados de negócio. Ademais, o princípio da "precedência", antes instituído para favorecer países de maior poderio, passou a organizar as cerimônias pela antiguidade do representante diplomático em um país. De certo modo, Viena preparou o caminho para as organizações internacionais, devido ao êxito de uma diplomacia multilateral, ou seja, de uma situação na qual vários países estão envolvidos em uma negociação ampla e complexa.

No Congresso de Aix-la-Chapelle – Aachen, na Alemanha dos dias correntes – em outubro de 1818, os cinco grandes – Grã-Bretanha, Rússia, Prússia, Áustria e França – concordaram em reconhecer uma hierarquia na representação diplomática: embaixadores, núncios papais, ministros extraordinários, ministros plenipotenciários, ministros residentes e, por último, o encarregado de negócios (*chargé d'affaires*).

Seguiram-se um conjunto de guerras de reajuste, como a Guerra da Crimeia (1853--1856) e a Guerra Franco-Prussiana, encerrada em maio de 1871, que acabaram por alterar o equilíbrio de forças na Europa. Entretanto, as conferências entre os grandes poderes europeus objetivaram reiterar as linhas gerais da sociedade de Estados, e por isso se desfrutou de relativa estabilidade até a irrupção da Grande Guerra em julho de 1914.

Em 1919, os esforços multilaterais visavam findar com a diplomacia secreta, mas seus resultados efetivos seriam decepcionantes. A negociação mais importante, ocorrida em Versalhes entre os vencedores da Primeira Guerra Mundial e a Alemanha, não conseguiu satisfazer o desejo revanchista da França, nem amortecer o ânimo de vingança da derrotada. Com isso, estava pavimentado o caminho para a Segunda Guerra Mundial, duas décadas depois.

Entre 1943 e 1945, as potências que sairiam vitoriosas do conflito (Estados Unidos, Grã--Bretanha e União Soviética) conseguiram conjugar com certa harmonia seus interesses, especialmente por meio de uma série de conferências (Teerã, Cairo, Yalta, Bretton Woods, Potsdam e São Francisco) que redesenhariam o mapa político e econômico do globo.

Ainda que Washington tivesse montado uma estratégia para conter as influências da diplomacia revolucionária soviética, a bipolaridade da Guerra Fria respaldou o conluio político entre os Estados Unidos da América e a União das Repúblicas Socialistas Soviéticas. Assim, contatos diplomáticos oficiais e extraoficiais foram levados adiante para se evitar outro conflito, que naquele momento seria de natureza nuclear e poderia exterminar a raça humana do planeta.

Na primeira metade da década de 1960, duas convenções realizadas em Viena d'Áustria terminaram por disciplinar as práticas diplomáticas: a chamada Convenção de Viena sobre Relações Diplomáticas, de abril de 1961, e a Convenção de Viena sobre Relações Consulares, de abril de 1963. A diplomacia permaneceria como instituição-base para o diálogo entre as nações, mesmo em um contexto de hostilidade retórica e declarada entre duas superpotências.

5.2 Elementos conceituais e constitutivos

"Diplomacia" é uma palavra datada de 1836, de acordo com o Dicionário Houaiss da língua portuguesa. Sua definição principal é "a condução dos negócios estrangeiros de uma nação, seja diretamente por seus governantes, seja por seus representantes acreditados em outro país ou órgão internacional" (Houaiss, 2009).

Existem três maneiras de os Estados atuarem diplomaticamente: nas relações bilaterais (tratar questões específicas ou importantes para dois países); nas relações multilaterais (em organismos internacionais e conferências) e por meio de terceiros países, responsáveis pelos bons ofícios, mediação e arbitragem, como nas contendas territoriais ou comerciais.

Há ainda a possibilidade de os Estados agirem unilateralmente, sem consulta a outros países ou instituições internacionais, o que pode ter tanto um perfil positivo, considerando práticas de ajuda humanitária e solidariedade, como reflexos negativos, no caso de intervenções militares injustificadas.

5.2.1 A essência da diplomacia

A diplomacia possui dois elementos essenciais para impulsionar as relações internacionais em suas diferentes facetas: o diplomata e o sistema diplomático, este composto de missões residentes e conferências.

As conferências tornaram-se fóruns de discussão multilaterais sobre assuntos diversos das relações internacionais, como direitos humanos (Viena, 1993), a questão das mulheres (Beijing, 1995), o clima (Kioto, 1997; Bali, 2007), o desarmamento (Genebra, 2010), a revisão do Tratado de Não Proliferação Nuclear (Nova York, 2010), os alimentos (Roma, 2011) e o meio ambiente (Rio, 2012).

As missões residentes são consideradas os postos avançados de um país em outro Estado. São estabelecidas com base nos princípios do consentimento mútuo, inviolabilidade e imunidade, o que garante aos chefes de missão, diplomatas, adidos e demais funcionários a condição de trabalharem sob o respaldo das convenções internacionais.

A principal delas foi a já mencionada Convenção de Viena sobre Relações Diplomáticas, de 1961, que passou a vigorar a partir de 1964, na qual foram compilados os princípios da diplomacia contemporânea, como o direito de legação, segundo o qual todo Estado está habilitado a enviar agentes diplomáticos para representarem seus interesses em outros Estados, e o princípio da reciprocidade, ou da garantia de que as regras serão respeitadas e reciprocamente aplicadas entre as partes.

Em uma visão idealista, os diplomatas são tidos como mensageiros da paz, porém necessitam do beneplácito do recebedor (*agréement*) para serem considerados bem-vindos (*persona grata*) em um país. Assim, o praticante padrão da diplomacia, ou seja, o bom diplomata, normalmente é um servidor público que conjuga tato e conhecimento de maneira simultânea em suas atividades profissionais vinculadas ao exterior, com o objetivo de defender os direitos e preservar os interesses de seu país.

Normalmente, o equilíbrio entre o intuitivo e a razão provém da longa experiência. Esse profissional é, desde algumas décadas, considerado sempre um representante do Estado, não do governo – e menos ainda do governante. A referência britânica – *Her/His Majesty's Ambassador* (embaixador indicado pelo rei ou pela rainha) – é mantida apenas por tradição.

Nesse sentido, ele deve posicionar-se da melhor maneira possível para defender as causas esposadas pelo seu país, ainda que não sejam elas de sua preferência pessoal. Ao fazer isso, deve portar-se com altivez, jamais com arrogância, o que demonstra respeito pela parte oposta. Mesmo ao comunicar um ultimato à outra parte, isto é, uma proposta final cuja discordância do teor por parte do outro desembocaria na utilização da força, o diplomata deve anunciá-lo de forma parcimoniosa.

É importante destacar algumas reflexões sobre a prática diplomática. Em primeiro lugar, a representação significa atuação em nome do Estado, e não do chefe de Estado. Em segundo lugar, a informação obtida pelo diplomata é considerada legítima, mas não descaracteriza o uso da espionagem para recolher clandestinamente as informações. Cabe notar também, em último lugar, que o ofício da negociação e da diplomacia não ocorre apenas de maneira formal e protocolar, mas envolve também meios informais, como eventos sociais, jantares e cerimônias.

De fato, a maioria dos acordos internacionais é "costurada" em conversas e negociações levadas a cabo em situações pouco usuais, como encontros em ranchos e residências particulares dos chefes de Estado e de governo, e ao diplomata são deixados os ajustes técnicos e pontuais dos tratados.

Modernamente, as funções do diplomata têm sido repartidas com adidos (militares, culturais e de inteligência), que passaram a realizar tarefas específicas. Assim, o envio de informações não é uma função restrita ao diplomata ou adido. Também o "espião", agente infiltrado e encoberto, procura descobrir segredos, subornar e corromper servidores estrangeiros para atender a interesses de seu país, fomentar rebeliões ou hostilidades não declaradas e ainda desestabilizar governos. Podemos dizer que enquanto a intriga subversiva é fruto da espionagem, a negociação é fruto da diplomacia.

Por último, cabe notar que o agente diplomático guarda algumas funções precípuas: a comunicação, estabelecendo a ponte entre diferentes governos; a informação, coletando inteligência sobre as questões internas e internacionais do país no qual está acreditado; a negociação, que deve se dar em conformidade com instruções recebidas pela Secretaria de Estado de seu país; a apresentação de opções políticas e cenários para a consideração governamental e a divulgação das políticas internas dos Estados que representam.

5.2.2 As caracterizações do sistema diplomático

O sistema diplomático, uma das principais instituições das relações internacionais, diz respeito a um conjunto de elementos interconectados entre si, composto por embaixadores, enviados especiais, princípios e regras (como a imunidade diplomática, comunicação e correspondência), missões residentes e precedentes jurídicos e políticos.

Enquanto política externa é o conteúdo das relações entre nações, a diplomacia é o processo de diálogo e negociação entre as nações, determinado pela natureza de um mundo de Estados independentes que veem vantagem em conduzir um diálogo no sentido de administrar a ordem e as suas mudanças.

A crença na diplomacia como meio de comunicação em um sistema de Estados é baseada, em grande medida, no seu potencial em gerenciar de maneira eficaz os problemas e perigos do mundo.

Já a condução de relações pacíficas entre Estados reconhecidamente soberanos ocorre com base em expectativas de relacionamento de longo prazo, que incluem possibilidades concretas de cooperação técnica, ajuda internacional e, principalmente, de negócios comerciais, empresariais e financeiros. Obviamente existe uma correlação entre diplomacia e poder, pois países poderosos têm maior capacidade de alcançar seus interesses em uma mesa de negociação.

Todos os sistemas de Estados, desde as civilizações mais antigas, desenvolveram arranjos diplomáticos para a condução do diálogo entre as comunidades políticas, como a imunidade de enviados, as comunicações formal e legalmente instituídas e a formação de ligas e alianças, além das negociações comerciais.

A partir do Renascimento, o sistema europeu de Estados é o que produziria o sistema diplomático mais elaborado, pela criação de uma rede de missões residentes cuja tônica seria o intercâmbio de diplomatas de ofício respaldados por ministérios exteriores organizados nas capitais do Velho Continente.

Cabe ao direito internacional servir de instrumento para o ofício da negociação, pela codificação de regras de comportamento, especialmente sobre guerra e paz. Além disso, a instauração de encontros periódicos em congressos, como os de Vestfália (1648), Utrecht (1713), Viena (1815), Berlim (1884) e Versalhes (1919), serviram ao propósito de discutir questões amplas, como guerra, paz, regras de engajamento e normas de atuação dentro e fora do contexto político europeu, ou seja, objetivaram organizar as mudanças no contexto internacional.

Já a diplomacia seria responsável por tornar efetivo o uso de ferramentas como o equilíbrio de poder, o direito internacional e as conferências. Com isso, criou um consenso em torno do diálogo diplomático como meio de manutenção da ordem nas relações internacionais. Assim, constituiu um quadro de referências de práticas e costumes instituídos com base em percepções e expectativas comuns aos atores internacionais.

5.2.3 Diplomacia das alianças

Outro resultado possível das negociações internacionais é a conformação de alianças, coalizões e coligações, como uma das formas clássicas de se ocupar espaço nas relações internacionais. Estas podem ser políticas, econômicas, culturais ou ideológicas; temporárias ou permanentes; de tempos de paz ou de guerra; ofensivas ou defensivas.

Durante os séculos XVIII e XIX, a ideologia foi um componente importante para a formação das alianças. Por exemplo, a Liga dos Três Imperadores (1783) ou o Pacto da Santa Aliança (1815) enfatizavam a solidariedade do conservadorismo monárquico contra manifestações de subversão republicana. Também a Carta do Atlântico, que uniu Grã-Bretanha e

Estados Unidos na luta contra o nazifascismo, bem como o engajamento contra a subversão comunista após a Segunda Guerra Mundial por meio da OTAN, são exemplos de alianças ideológicas.

O problema está no fato de a ideologia enfraquecer a aliança, obscurecendo a natureza e os limites dos interesses comuns, ao mesmo tempo em que pode exagerar expectativas no que diz respeito a políticas e ações concertadas. Da mesma forma, as alianças não são as amizades da política internacional, e o autossacrifício, característica das amizades, não é permitido aos governos, cujo dever é proteger os interesses de seus povos.

Uma aliança, em certa medida, seria a forma mais estreita de cooperação estatal, mediante colaboração prolongada. Com a formação de alianças, estabelecem-se os tipos de relação entre os Estados, como a simbiótica, na qual ambos ganham no arranjo, ou a comensalista, na qual apenas uma parte é favorecida. Além disso, as alianças podem ser expressas, quando são formalizadas em tratados, e tácitas ou não escritas, nascidas do alinhamento de uma das partes em relação à outra.

A formação de alianças segue alguns princípios, como a busca por vantagens políticas e militares possíveis (racionalidade); conformação de sucessivas alianças visando à maximização de vantagens (visão estratégica); opção pela menor coligação possível, o que implica menos custos e mais ganhos; atenção à manutenção da aliança perante forças desintegradoras, como a diminuição do poder do principal aliado (desequilíbrio); e troca de informações privilegiadas, uma vez que uma diplomacia de aliados dependeria de certo "segredo" para ser efetiva (privilégio de informações).

Ainda que a conformação de uma aliança limite a ação individual das partes, continua sendo uma ferramenta muito útil na política internacional, auxiliando os Estados a alcançar segurança, estabilidade e influência.

5.3 Interações com a ferramenta diplomática

5.3.1 Diplomacia e direito

A primeira aplicação da ferramenta diplomática se dá quando existe um interesse comum entre dois ou mais países porque todos, em maior ou menor medida, se beneficiariam. Se materializado o entendimento, governos podem assinar acordos ou constituir organismos que podem ser voltados para a defesa, como a OTAN, ou para o comércio, como o Tratado Norte-Americano de Livre-Comércio (NAFTA) – ou ainda para a política, como a União Europeia (UE).

O ofício da negociação diplomática – como aquela que leva à constituição de alianças – depende de um pilar jurídico. Assim, os tratados normalmente refletem o resultado de negociações entre dois ou mais Estados pela definição de instrumentos contratuais escritos que criam direitos e obrigações entre as partes.

Os acordos assinados como fruto das negociações podem ser de diversos tipos, como cartas, convenções, convênios, troca de notas e protocolos. Os tratados passam pela fase da assinatura (indicando a intenção dos Estados) e ratificação (na qual se assumem formalmente as obrigações).

Enquanto nos Estados Unidos é necessário que dois terços dos senadores deem o consentimento para ratificar um tratado, os acordos assinados pelo Brasil necessariamente passam pelas duas câmaras do Congresso antes de serem ratificados. No caso norte-americano há ainda a possibilidade de o presidente receber do Congresso poderes especiais para assinar acordos internacionais sem a necessidade de anuência prévia, o chamado *fast track*.

O direito, entendido como as normas jurídicas internacionais, serve ao propósito de respaldar os avanços da negociação diplomática, o que não impede comportamentos desviantes e pouco cooperativos, mesmo após a assinatura de um tratado.

5.3.2 Diplomacia e dissuasão

Além da dimensão jurídica dos tratados, a aplicação da ferramenta diplomática ocorre em momentos nos quais as tratativas diplomáticas não logram êxito imediato ou não tem a extensão desejada por um dos lados solicitantes. Historicamente, as grandes potências da Europa e os Estados Unidos utilizaram-se da "diplomacia do navio de guerra" (*gunboat diplomacy*) como forma de alcançar seus objetivos de liberalização comercial e abertura de portos de países menores. Sob essa prática diplomática, políticos, militares e diplomatas podem formular medidas nas quais a força seria o único recurso viável para a consecução de seus interesses. Uma vez – e de maneira definitiva – derrotado o opositor, usualmente entra em cena o encaminhamento diplomático, com a finalidade de tratar dos termos da pacificação e da futura convivência.

Os Estados Unidos procederam dessa maneira em março de 2003, quando da invasão do Iraque e início da Segunda Guerra do Golfo. Sem a saída iminente do ditador Saddam Hussein, o país optou por neutralizá-lo militarmente, apesar da oposição de muitos países, como França, Alemanha e mesmo Brasil.

Em alguns casos, não se chega a concretizar o emprego de ações bélicas – elas pairariam no ar, sendo, portanto, ameaças. Um governo pode fazer uso disso para pressionar outro a comportar-se de maneira diferente da rotina ou do desejado. Dessa maneira, um país dissuade um rival a tomar determinada medida.

Registre-se que a dissuasão não se restringe apenas ao campo militar. Ela pode advir da economia, mediante sanção ou boicote – de adesão voluntária à comunidade internacional – e bloqueio ou embargo – de aceitação obrigatória caso a decisão tenha sido tomada por uma OI.

O caso mais simbólico foi o boicote à África do Sul durante toda a Guerra Fria. Em função da manutenção do regime do *apartheid*, ou seja, da institucionalização oficial da discriminação étnica, a Assembleia Geral da ONU aprovou a Resolução 1761, de novembro de 1962. A manifestação dos países-membros da organização advogava um boicote comercial àquele país enquanto perdurasse sua política racista governamental, que somente desapareceu em 1994.

5.3.3 Diplomacia e pluralidade

Outra interface importante entre diplomacia e pluralidade se manifesta na chamada diplomacia presidencial. Desde o esforço do presidente norte-americano Woodrow Wilson pelo fim da Grande Guerra e construção de uma ordem estável e pacífica em 1919, vem ganhando fôlego o papel de estadistas ao redor do mundo em empreitadas pela pacificação de regiões como o Oriente Médio, pelo fim da fome e da pobreza no continente africano e pela universalização dos direitos humanos.

Como exemplo temos que, na segunda metade dos anos 1980, as reuniões entre Ronald Reagan, presidente dos Estados Unidos, e Mikhail Gorbachev, secretário-geral do Partido Comunista da União Soviética, contribuíram diretamente para distensionar o ambiente mundial e, posteriormente, para o encerramento da Guerra Fria.

De fato, contatos pessoais, não só entre estadistas, mas eventualmente entre atores burocráticos, em decorrência de sua experiência política, empresarial, acadêmica ou militar, podem colaborar muito no encaminhamento de questões críticas, fortalecendo essa pluralidade nas relações internacionais

Ex-presidentes ou ex-primeiros-ministros, ex-parlamentares ou ex-ministros da defesa ou das relações exteriores são convidados para tratar de determinados assuntos em vista de sua expertise. Jimmy Carter, ex-presidente dos Estados Unidos, após deixar a Casa Branca em janeiro de 1981, se engajou fortemente na luta pelos direitos humanos, uma de suas bandeiras de governo, fundando o Carter Center.

Também o ex-presidente Luis Inácio Lula da Silva chefiou a missão especial do Brasil na Assembleia Geral da União Africana entre 28 de junho e 1º de julho de 2011. Acompanhado de diplomatas de carreira, Lula tratou de vários temas, como a crise política na Líbia e a implementação de políticas de segurança alimentar, importante tema para aquele continente.

A justificativa para o emprego ocasional de experientes cidadãos decorre da aceitação de determinados primados políticos, econômicos ou culturais situados acima de divergências partidárias, regionais e empresariais; é a política de Estado, localizada acima das circunstâncias dos embates cotidianos.

Ela se caracteriza por interesses calcificados ao longo de gerações, amadurecidos por extensos debates acerca do posicionamento de um país perante determinados tópicos. Assim, esses postulados se sobreporiam a interesses circunstanciais dos governantes naquele momento.

Dessa forma, a política de Estado se sobrepõe à política de governo. Embora haja boa convergência na comunidade internacional acerca de quais valores devem ser compartilhados, como o antirracismo ou a autodeterminação dos povos, há outros, também importantes, em que existem diferentes graus de divergência.

Em questões militares, por exemplo, não há um consenso na sociedade internacional sobre qual deveria ser o patamar percentual correspondente a gastos globais ou qual quantia deveria ser destinada à fabricação ou manutenção de armas, mesmo aquelas de destruição em massa, como as nucleares. Da mesma forma, não existe confluência sobre qual número de efetivos combatentes um país deveria possuir.

De toda maneira, com a extinção da rigidez bipolar na transição da década de 1980 para a de 1990, a ONU procedeu de modo mais desenvolto no tocante às questões internacionais de substantivo relevo. O novo ambiente internacional parecia permitir maior cooperação entre os Estados-membros e entre representantes das próprias populações, com a frutificação de novos canais de diálogo e de novas formas de organização.

Vários encontros multilaterais foram convocados na década de 1990, denotando uma extensão da agenda das relações internacionais. Na realização de todos esses encontros, outros atores, além dos estatais, participaram com destaque, e assim puderam influenciar o posicionamento das delegações. As ONGs, por exemplo, articularam-se e promoveram, com antecedência – e também durante as conferências –, debates com o fito de estabelecer uma pauta mínima.

O objetivo era concentrar esforços em determinados subtemas, assim como estabelecer uma lista de prioridades em torno da qual o consenso acerca da adoção de futuras ações para a solução ao menos parcial do tema principal do encontro pudesse ser acordado e posteriormente cumprido pela maioria dos países subscritores.

5.4 Diplomacia no Brasil

No Brasil, a Constituição Federal de outubro de 1988 consagrou em seus princípios fundamentais o balizamento em relações internacionais, quais sejam: independência nacional, prevalência dos direitos humanos, autodeterminação dos povos, não intervenção, igualdade entre os Estados, defesa da paz, solução pacífica dos conflitos, repúdio ao terrorismo e ao racismo, cooperação entre os povos para o progresso da humanidade e concessão de asilo político, além de definir a aspiração de formar uma comunidade latino-americana de nações.

Caberia ao Ministério das Relações Exteriores (MRE), também chamado de Itamaraty, se incumbir dos assuntos anteriormente referidos, ainda que o trabalho diplomático não seja atributo exclusivo de um segmento profissional do serviço público, pois as ações diplomáticas podem ser executadas por primeiros-ministros, assessores e ministros de Estado. Além disso, cresce a participação de estados e municípios na promoção de cooperação descentralizada, na manutenção de relações fronteiriças e no desenvolvimento de ferramentas paradiplomáticas.

No Brasil, desde o restabelecimento de um regime formalmente democrático em 1985, a diplomacia presidencial ganhou força na definição da pauta do relacionamento bilateral ou multilateral do país, dividindo a condução da política exterior entre o titular do Palácio do Planalto e o titular do Palácio do Itamaraty, o Ministro das Relações Exteriores.

De maneira gradativa, o ingresso na carreira foi deixando de ser um privilégio específico de um segmento social – a nobreza – para abarcar os demais setores da sociedade. No século XX, vários países, inclusive o Brasil, adotaram o concurso público para o preenchimento dos cargos.

No Brasil, a profissionalização da diplomacia esteve ligada à criação do Instituto Rio Branco (IRBr) como escola de formação de diplomatas; sua seleção se dá por concurso público. O MRE divide atualmente a carreira da seguinte maneira: terceiro-secretário, segundo-secretário, primeiro-secretário, conselheiro, ministro de 2ª classe e ministro de 1ª classe. A carreira diplomática possui ainda os cargos de oficial de Chancelaria e assistente de Chancelaria.

No topo na carreira diplomática no Brasil encontra-se o ministro de 1ª classe, que depende da nomeação do Presidente da República e da aprovação do Senado para receber a titularidade de uma embaixatura; posteriormente, esse ministro é acreditado junto a um país ou a uma organização internacional.

De modo geral, exigem-se do candidato conhecimentos gerais sobre atualidades políticas, econômicas e culturais, bem como conhecimentos específicos em direito internacional, economia brasileira, política internacional, história do Brasil, geografia, direito, vernáculo e, dependendo do país, dois outros idiomas – normalmente, inglês, seguido do francês ou do espanhol, ou ainda do alemão.

Desde 1946, o Instituto Rio Branco, vinculado ao Itamaraty, passaria a ser o ponto de convergência das ideias diplomáticas no Brasil. Nesse caso, o principal eixo ideacional da diplomacia brasileira foi o desenvolvimentismo ou a utilização da diplomacia como veículo para se alcançar o desenvolvimento da nação.

Outras ideias-força da diplomacia brasileira foram: a integração regional e, depois, o conceito político de América do Sul; o universalismo como inspirador para a ampliação dos contatos internacionais do país; o pragmatismo e o realismo como referências para se alcançar ganhos políticos e econômicos, independentemente de limitações ideológicas; o jurisdicismo ou o respeito às normas internacionais e aos acordos assinados; e o pacifismo, ou a condução de relações pacíficas internacionais.

Foi função da diplomacia brasileira mitigar o poder de influência de grandes potências como Grã-Bretanha e Estados Unidos e também preservar a soberania e o território nacional, na fase de conformação dos acordos de fronteira, assim como garantir espaço para os produtos brasileiros (essencialmente *commodities*) nos mercados internacionais. Nesse caso, o Itamaraty se responsabilizou por desenvolver instrumentos negociadores – como uma eficaz diplomacia pública – para melhorar a imagem internacional do Brasil.

Em suma, pode-se dizer que houve uma convergência entre a intelectualidade nacional e a diplomacia brasileira no sentido de pensar as relações internacionais e consubstanciar anseios sociais e políticos nos interesses do país.

Questões para discussão

1. Quais as funções da diplomacia nas relações internacionais?
2. Qual a relação estabelecida entre diplomacia, negociação, direito internacional e a política internacional?
3. Procure entender a atualidade do ofício da negociação à luz da evolução histórica do sistema diplomático internacional, apontando semelhanças e diferenças.
4. Como explicar a escolha por meios negociadores ou o uso da força nas relações internacionais?
5. Faça uma lista alternativa de outros agentes que poderiam funcionar como negociadores nas relações internacionais, descrevendo seus interesses e filiações.

Para saber mais

CALVET de Magalhaes, José. *A diplomacia pura*. Lisboa: Associação Portuguesa de Estudos de Relações Internacionais, 1982.

DOUGHERTY, James E.; PFALTZGRAFF Jr., Robert L. *Relações Internacionais:* as teorias em confronto. Lisboa: Gradiva, 2003.

LESSA, José Vicente. *Paradiplomacia no Brasil e no mundo. Viçosa:* Universidade Federal de Viçosa, 2007.

MACEDO SOARES, José Antônio. *História e Informação diplomática*. Brasília: Instituto de Pesquisa de Relações Internacionais, 1992.

MINISTÉRIO DAS RELAÇÕES EXTERIORES. Disponível em: <http://www.itamaraty.gov.br/>.

WATSON, Adam. *A evolução da sociedade internacional*. Brasília: Editora UnB, 2004.

WIGHT, Martin. *Política do Poder*. Brasília: Editora UnB, 2002.

CAPÍTULO 6

SOBRE A GUERRA: O EXERCÍCIO DO PODER

Neste capítulo, o leitor será apresentado ao segundo instrumento da política externa: a guerra. Normalmente, quando a diplomacia não logra êxito, os governantes das grandes potências podem valer-se do emprego da força armada para a preservação dos interesses do país. O leitor poderá compreender que guerra e poder caminham juntos nas relações internacionais, e que a guerra evoluiu e deixou sua marca na história. Também poderá entender o alcance da guerra considerando sua disseminação, motivos e consequências. Por fim, serão apreciados os tipos de guerra mais relevantes para as RI.

6.1 Poder e suas derivações

6.1.1 Conceitos mínimos

Na arena internacional, a falta de um governo mundial regulador gera um ambiente de incertezas quanto às ações estatais, ao mesmo tempo em que dilui a influência de organismos internacionais, como a ONU, ou de regimes internacionais de áreas-assuntos, como o regime de proteção aos direitos humanos. Pode-se dizer que a característica definidora do meio internacional é a "anarquia" ou a ausência de um poder supranacional, o que, para muitos estudiosos realistas, é a causa pérfida da guerra.

O poder é considerado a moeda de troca das relações internacionais, ou seja, o meio pelo qual os Estados interagem e determinam o exercício da autoridade entre eles. Existem duas dimensões de poder: uma dimensão estática, baseada nas dotações de cada Estado, como armamentos, recursos minerais, capacidade diplomática e tecnológica; e uma dimensão dinâmica, resultado de empreitadas econômicas ou militares, provenientes das interações entre os Estados.

O simples fato de um Estado se preparar para o conflito, utilizando parte de seu capital e mão de obra para a construção de uma "máquina de guerra", estimula as dimensões estáticas e dinâmicas de seu poder nacional.

Os principais atributos de poder são a população, o território, os recursos naturais, o vigor econômico, a força militar e a estabilidade política. Naturalmente esses atributos vêm se modificando ao longo da história em sua abrangência e aplicação. A descoberta de novas jazidas de petróleo, como foi o caso do pré-sal no Brasil, ampliou os atributos de poder nacional, mesmo antes da exploração efetiva da riqueza energética.

6.1.2 Tipos de poder

O Estado tem duas formas de exercer a sua vontade de potência: por meio do poder de comando (coerção e indução) e/ou pelo poder de cooptação (atração). A primeira forma recebe a denominação de *hard power* ou poder bruto, e se refere à força militar e à capacidade econômica, utilizados mais eficazmente por algumas grandes potências como Grã-Bretanha e Estados Unidos.

A segunda forma recebe a denominação de *soft power* ou poder brando, e incorpora atributos não convencionais de exercício do poder e da hegemonia, como a ideologia, os meios de comunicação de massa, os valores que se expressam pela cultura e os elementos identitários, que se caracterizam pela capacidade de seduzir e atrair, levando à aquiescência e imitação.

A conjugação do poder bruto com o poder brando fornece os elementos essenciais para que um Estado se coloque como grande potência, alcançando a preponderância ou a hegemonia sobre os demais. Em suma, a combinação entre os dois tipos de poder (bruto e brando) gera o chamado *smart power* ou poder inteligente.

A configuração do poder relaciona-se à distribuição da quantidade de poder no sistema internacional em relação a diversos atores que têm capacidade de influir nos diferentes tabuleiros de xadrez da cena internacional. Estabelece-se uma hierarquia de acordo com o poder que cada ator possui, mas é o Estado que continua polarizando as principais decisões do sistema internacional.

6.1.3 Política do poder

As potências visam alcançar instrumentos ou meios para se sobressaírem na cena internacional, como afluência (desenvolvimento econômico); preponderância político-estratégica (possibilidade de impor sua vontade); e prestígio (imagem e reputação capazes de agregar outros tipos de poder à carteira internacional do país).

Quando uma potência se diferencia das outras por alcançar níveis tecnológicos – especialmente na esfera militar – que lhe fornecem vantagens absolutas, como armas nucleares, mísseis balísticos intercontinentais, submarinos e navios de propulsão nuclear, e possui capacidades ampliadas de projetar poder para fora de sua região, pode ser considerada uma superpotência.

Toda vez que existir de forma persistente no tempo uma condição em que uma potência possui atributos de poder que forneçam a ela a capacidade de se sobrepor a outras potências, produzindo regras e impondo-as ao restante do sistema ou sociedade de Estados, subsistirá uma condição de hegemonia.

Onde existir apenas uma faceta do poder, bruto ou brando, bem como a utilização parcial dos diferentes atributos de poder, ou na medida em que for prejudicado o exercício da hegemonia por outros atores e forças, haverá um cenário de preponderância.

Uma condição de liderança emerge em um contexto no qual uma potência, preponderante ou hegemônica, for percebida como guia do sistema e assumir a posição de liderança. Ademais, caso tenha a real capacidade de ordenar o sistema e seus componentes, o que inclui condições históricas e materiais, a ela será imputado certo grau de legitimidade, seja por consentimento e interesse dos outros atores, seja por meio de um processo de "sociabilização" e transformação dos sistemas de crenças e valores dos outros Estados.

6.1.4 Poder nuclear

Pode-se afirmar que a possibilidade de um conflito armado entre os principais países do sistema internacional é bastante diminuta. Em decorrência do desenvolvimento de armas de destruição em massa (ADM) por americanos e soviéticos entre os anos 1940 e 1950, e da ampliação, nas décadas subsequentes, do número de países detentores desses artefatos – atualmente, Estados Unidos, Rússia, França, Grã-Bretanha, China, Paquistão, Índia, Israel e Coreia do Norte, e seis deles estão localizados no continente asiático –, a possibilidade de destruição não se restringe mais ao país opositor: o próprio continente a que pertence o país atacado ou mesmo todo o planeta, a depender da capacidade de defesa do país, pode ser atingido de maneira irreversível.

Destaque-se que todos os membros permanentes do Conselho de Segurança da ONU – Estados Unidos, Rússia, França, Grã-Bretanha e China – possuem vastos arsenais nucleares, apesar das muitas tentativas de reduzi-los de forma gradativa depois do fim da Guerra Fria.

Além deles, registram-se ainda Índia, Paquistão, Coreia do Norte e, de maneira controversa, Israel, uma vez que o próprio governo israelense não admite a existência do artefato. Outros países detêm a capacidade tecnológica, mas se recusam a produzi-las, por conta da subscrição do Tratado de Não Proliferação Nuclear (TNP) – o Brasil aderiu a ele em setembro de 1998.

6.2 Marca histórica da guerra

A guerra, tal qual a diplomacia, sempre fez parte da estrutura das relações internacionais. Mesmo quando o estudioso das relações internacionais inclina-se sobre a análise de sociedades muito antigas, ainda que organizadas de modo bem simples, ele poderá constatar a presença da guerra nos relatos históricos acerca de governantes, dinastias e comunidades. No século XVII, por exemplo, Luís XIV, rei da França, mandou cunhar em canhões do exército a expressão latina *ultima ratio regis*, isto é, "o último argumento do rei".

Uma das primeiras – e mais célebres – tentativas de sistematizá-las remonta a Nicolau Maquiavel, em seu estudo *A Arte da Guerra* (1521), análise retomada depois em trabalhos posteriores, dentre os quais *O Príncipe*, publicado postumamente em 1532. Sua inspiração teórica baseou-se na Roma Antiga.

O autor florentino se dedicou essencialmente a relacionar a atividade militar à política, com o propósito de unificar a Itália e, ao mesmo tempo, garantir a estabilidade e o desenvolvimento do futuro país. A península itálica era objeto de cobiça de potências estrangeiras como Espanha e França, além de ser fragmentada em vários tipos de governos; devido a esse fato, Maquiavel se preocupou em formular meios de superar as duas dificuldades.

Uma das primeiras medidas seria o recrutamento de uma milícia de cidadãos, por meio do alistamento, como forma de não depender de tropas mercenárias, desobrigadas de lealdade cívica com uma sociedade e, por conseguinte, pendulares do ponto de vista econômico. Ela seria o embrião de um exército permanente, treinado nos períodos de paz, disponível todo o tempo.

Dispor de modo constante de uma milícia treinada seria o requisito primordial para um povo buscar e garantir a independência, ou seja, a própria soberania. Ao consolidar-se um exército, haveria condições para assegurar o bom andamento de uma sociedade pela afirmação do ordenamento jurídico. A partir de então, uma população poderia defender-se e eventualmente expandir-se, alimentando a ideia de grandeza.

Após as obras de Nicolau Maquiavel no século XVI, seria o trabalho póstumo do já mencionado general prussiano Carl von Clausewitz a marcar a importância do tema para a política internacional: *Da Guerra*, publicado depois de ser revisado por sua viúva, em 1837. Sintetiza a ideia central do autor a afirmação de que a guerra é o prolongamento da política por outros modos.

Como consequência, o ato de guerrear não é meramente vencer combates, mas assegurar a consecução de um objetivo, definido previamente dentro do gabinete do estadista, fosse ele rei, imperador, presidente, primeiro-ministro etc. – e fora da esfera militar. Isso poderia ser a aquisição de um território contíguo ou não àquele país, como uma colônia, a fixação de uma rota comercial ou o acesso a matérias-primas. Às vezes, o alvo poderia ser a garantia da própria independência perante outros povos.

Ademais, Clausewitz estudou de maneira atenta a transição entre dois tipos de membros das Forças Armadas: em primeiro lugar, analisou a condição do cidadão soldado, entusiasmado na defesa da liberdade e da república. Havia dois importantes precedentes recentes, dos quais um foi por ele testemunhado pessoalmente: a Revolução Americana (1776) e a Revolução Francesa (1789), sucedida pela fase napoleônica.

Nas duas revoluções, o combatente se posicionava a favor da pátria, não de um soberano ou de uma dinastia. Portanto, ele representava de modo fervoroso o sentimento de patriotismo, manifesto a partir daquele momento na vontade do povo – assim emergia a ideia contemporânea de nacionalidade.

Em segundo lugar, Clausewitz analisou a presença do súdito conscrito, ou seja, o soldado obrigado a alistar-se para preservar, nos campos de batalha, uma monarquia tradicionalmente absolutista. Esta, por sua vez, era desvinculada da solidariedade de nação, uma vez que era identificada com o conceito de império, instituição abarcadora de povos. A materialização da ideia imperial aconteceu com a formação da Santa Aliança, adversária ferrenha do republicanismo, do nacionalismo e do liberalismo. Seus soldados protegiam de forma mecânica governantes e dinastias. Era comum o recrutamento de efetivos mercenários.

6.3 Alcance da guerra

6.3.1 Disseminação de guerras localizadas

No entanto, a limitação do acesso a determinados tipos de armas de destruição em massa não exclui, lamentavelmente, a possibilidade da ocorrência de conflitos armados no mundo. Pode-se observar, por exemplo, uma série deles em andamento, com o envolvimento de potências de todos os continentes. O número de deslocados ou de refugiados pelos inúmeros tipos de conflito não tem diminuído nos últimos anos – a ONU assinala 20 de junho como o Dia Mundial dos Refugiados.

As confrontações acontecem entre países de diferentes portes, como foi recentemente o conflito na Líbia, em que vários membros da OTAN enfrentaram e derrotaram em pouco tempo a longeva ditadura militar de Muamar Ghadafi (1969-2011).

A despeito das preocupações humanitárias e políticas houve também o receio de que a instabilidade do país levasse à interrupção do fornecimento de petróleo à Itália e à França, o que abalaria ainda mais a economia desses países, não totalmente recuperadas dos efeitos da crise mundial do final de 2008.

As confrontações podem suceder entre nações com poderio econômico, demográfico e militar similares, como o conflito que ocorreu entre El Salvador e Honduras em 1969, chamado popularmente de Guerra do Futebol, por ter sido desencadeado dias depois das eliminatórias da Copa do Mundo de 1970. Na realidade, a confrontação envolvia questões relacionadas com imigração e fronteiras; de certa maneira, os jogos estenderam às respectivas populações a tensão latente entre os dois governos.

Assim, verifica-se que não há a irrupção de um conflito entre países diante de um motivo único, apesar de muitas vezes os meios de comunicação ou a academia explorarem aquele considerado mais visível ou mais importante em um determinado momento.

Para exemplificar a disseminação de conflitos por todo o mundo, note-se que, até 2011, somente os Estados Unidos participavam de dois confrontos de envergadura média: um no Afeganistão, como resposta ao inédito atentado terrorista de 11 de setembro de 2001 empreendido pela Al-Qaeda, grupo terrorista de cunho fundamentalista, e outro no Iraque, por conta da presumida existência de armas de destruição em massa voltada para países ocidentais e seus aliados, desenvolvidas pela antiga ditadura local liderada por Saddam Hussein.

Pode-se apontar os dois confrontos citados no Oriente Médio e adjacências como guerras convencionais, por não ter havido a utilização de armas nucleares, químicas ou biológicas, as quais poderiam causar de maneira imediata a morte de milhares e milhares de pessoas e a destruição maciça das áreas atingidas, no caso do emprego dos artefatos nucleares em larga escala.

6.3.2 Consequências da guerra

Por ser a guerra parte integrante do cotidiano das relações internacionais, diversos estadistas e intelectuais tentaram ao longo do tempo descobrir formas pelas quais ela poderia ser contida, haja vista os aspectos desfavoráveis que sua eclosão costuma trazer para a maioria dos envolvidos.

Com os avanços tecnológicos na área militar, os civis sofrem cada vez mais os efeitos negativos das confrontações em que se enfronham seus países. Se durante a Primeira Guerra Mundial os tiros de obus da Alemanha mal chegavam a dez quilômetros, os atuais mísseis intercontinentais dos Estados Unidos ou da Rússia podem atingir alvos a milhares de quilômetros de distância.

Assim, os dirigentes estatais têm envidado esforços de maneira constante para a composição de largas alianças militares, visando à efetivação de acordos diplomáticos multilaterais e para a instituição de organizações internacionais, com o objetivo de resguardar a paz o maior tempo possível.

Não obstante os inúmeros conflitos pelos quais passa o mundo desde o encerramento da Segunda Guerra Mundial entre maio e setembro de 1945, as grandes potências não se têm enfrentado diretamente, apesar dos momentos de grande tensão como a Guerra da Coreia (1951), a Crise do canal de Suez (1956) e a Crise dos mísseis de Cuba (1961).

Após vários conflitos de extensa duração, como os ocorridos inicialmente na Europa entre 1756-1763, 1799-1815, 1914-1918 e 1939-1945 – pode-se considerar até mesmo 1947--1991, por causa da tensão bipolar –, a sociedade global tem aguardado ansiosamente negociações voltadas para o estabelecimento e para a consolidação de mecanismos que possam de fato impedir o advento de novos e longos conflitos. No século XX, duas tentativas entrelaçadas foram feitas, e uma delas foi malograda.

A primeira delas relacionou-se com a constituição de uma entidade que pudesse ser responsável por negociações coletivas de paz de modo permanente. Ela substituiria ou complementaria duas maneiras de agir bastante comuns no século XIX: a oferta de auxílio por parte de um governo para mediar ou solucionar determinada questão entre países e a convocação de uma conferência para tratar de um problema específico. O primeiro teste materializou-se na Liga das Nações, fundada em 1919 e extinta em 1945.

A segunda tentativa vinculou-se ao conceito de segurança coletiva, ou seja, ao esforço perene de um grupo de países reunidos com a finalidade de manter o sistema internacional equilibrado, de modo que nenhuma outra potência isoladamente pudesse superar as demais do ponto de vista militar. Assim, a sobrevivência de todos os integrantes da comunidade mundial, isto é, a independência, estaria garantida, e por conseguinte a paz mundial persistiria.

Isso falhou na primeira metade do século XX. No entanto, obteve-se êxito parcial na segunda tentativa, com a composição do Conselho de Segurança da ONU, que mescla hoje em dia cinco membros permanentes com dez provisórios, e a constituição da OTAN. Esta esteve destinada a conter eventuais expansões da União Soviética na Europa durante a Guerra Fria.

Na abordagem clássica, imortalizada por Thomas Hobbes em seu *Leviatã*, o estado de tensão duradouro entre grandes potências pode ser considerado como uma confrontação também. Isso auxilia a explicar o motivo por que vários historiadores e internacionalistas classificaram de Guerra Fria a ferrenha oposição existente entre os governos norte-americano e soviético.

Ainda que tenha se estendido por pouco mais de quatro décadas, sem ter proporcionado um confronto direto entre as duas superpotências, a Guerra Fria não impediu, no entanto, a ampliação ininterrupta das forças convencionais e o desenvolvimento cada vez mais acelerado de armas, sempre com maior potencial destrutivo.

Por pelo menos três vezes, entre 1951 e 1961, o mundo esteve à beira de assistir a confrontação nuclear, em decorrência de sérias divergências entre Washington e Moscou a respeito do comportamento dos aliados – a exemplo da instalação secreta de mísseis soviéticos de médio alcance em Cuba, só posteriormente retirados; depois disso, as duas superpotências estabeleceram formas mais efetivas de comunicação entre seus dirigentes, como a denominada "Linha Vermelha".

Dessa maneira, os dois governos objetivaram evitar situações políticas cujos desdobramentos militares pudessem ser incontornáveis e insuperáveis, postos o tempo curto para as tomadas de decisão e o variado número de atores envolvidos – civis e militares graduados.

6.3.3 Motivos para a guerra

Ao longo da história, não houve consenso entre os especialistas sobre como identificar uma causa específica para a irrupção de uma guerra. Normalmente, o confronto decorre por vários motivos, amadurecidos em virtude da ausência de êxito dos instrumentos diplomáticos disponibilizados. Dessa forma, a depender do momento e dos atores envolvidos, uma determinada questão pode destacar-se mais e ser a justificativa oficial para o envolvimento bélico entre países.

É necessário registrar que, desde o estabelecimento dos Estados modernos europeus a partir do século XV, há um aspecto que tem superado os demais: o econômico, materializado de diversas maneiras na disputa entre países: expansão territorial, controle de rotas de comércio, domínio sobre certas matérias-primas, acesso a mercados consumidores, entre outros.

Na lenta transição da Idade Média para a Moderna, sociedades do norte da península itálica teriam sido as pioneiras na moldagem do sistema capitalista: em vez de as elites locais almejarem glórias, títulos ou honras para si, o esforço seria direcionado para o acúmulo crescente de riquezas.

De modo gradativo, com a nova mentalidade se espalhando na Europa, ocorreria a troca de classe no poder: em lugar da nobreza, conectada às atividades rurais e militares, que desejava a manutenção de um sistema político descentralizado, emerge a burguesia, ligada ao trabalho comercial e industrial nas cidades, que auxilia a promover a centralização do poder na figura do rei. Com isso, o Estado teria condições de constituir uma burocracia permanente, o que incluía a estruturação de Forças Armadas. Assim, a guerra estaria sempre no horizonte dos governantes.

De fato, a guerra acompanhou todo o processo de transformação socioeconômica e militar dos povos ibéricos, como os portugueses e os aragoneses, bastante experientes na navegação e conhecedores de muitas rotas de comércio no mar Mediterrâneo. Com o tempo, novas áreas seriam comercialmente incorporadas de forma definitiva às atividades mercantis da Europa.

Em um primeiro momento, os europeus se estabeleceriam essencialmente em portos da África e, depois, na Ásia, ainda no século XV. A partir do século seguinte, seria a vez da América, substituta das rotas de comércio conquistadas pelo Império Otomano quando da incorporação do Império de Bizâncio. E por último, a Oceania, que seria abarcada no século XVIII. Em todos os momentos, a presença de efetivos terrestres e, principalmente, navais foi indispensável para assegurar as conquistas aos países participantes.

Desse modo, a corrida colonial, executada entre os séculos XV e XX em duas fases, levou vários países da Europa – como Portugal, Espanha, França, Inglaterra, Países Baixos, Suécia e Rússia – a guerrear entre si e contra povos americanos, africanos e asiáticos. No século XIX, Estados Unidos e, por último, Japão entrariam na disputa também.

A exploração pelas metrópoles dos seus próprios núcleos colonizadores, por meio principalmente de tributos excessivos e de limitações administrativas, levou, por sua vez, a violentas guerras de independência, como ocorreu nos Estados Unidos ao final do século XVIII, na América Hispânica e no próprio Brasil, no início do século XIX.

A população europeia foi vítima das aspirações de expansão territorial interna. No século XVII e no começo do XVIII, a França se destacou por, pelo menos, três grandes guerras; no início do século XIX, novamente a guerra marcaria o continente com conflitos durante o império napoleônico; mais tarde, seria a vez da Prússia, transformada pela conquista de novas áreas na Alemanha; no século seguinte, o mundo assistiria a duas das mais sangrentas confrontações já existentes na história, motivada pela disputa por territórios e riquezas no continente europeu e em áreas próximas: a Primeira e a Segunda Guerra Mundial.

Destaque-se que nem sempre foram os motivos materiais o que mais estimulou a atuação dos governantes. Na Idade Média, várias guerras se originaram por motivações religiosas, como as diversas cruzadas, executadas majoritariamente entre os séculos XI e XIII, ainda que estivessem presentes também interesses econômicos, como o controle de rotas de comércio pelos europeus em detrimento dos árabes ou bizantinos, e políticos, como a supremacia cultural dos valores do Ocidente sobre os valores do Oriente.

Ocasionalmente, guerras de prestígio aconteceram com a finalidade de temporariamente satisfazer a vaidade de reis ou de imperadores ou a ambição de determinados grupos sociais em busca da glória – a perpetuação do próprio nome ou do feito.

6.4 Tipos de guerra

Há várias maneiras de se classificar o ato da guerra: a mais tradicional é identificá-la como agressiva ou defensiva. Outra forma é apontá-la como preventiva, preemptiva, material ou idealista. Existe também a possibilidade de relacioná-la à ideia de justiça, ou seja, uma guerra justa ou uma guerra injusta, seguindo padrões morais ou religiosos preconizados em determinado contexto histórico. Quando ocorre entre países, ela é naturalmente internacional; caso se desenrole dentro de um país, ela é civil. De acordo com a análise clássica de Thomas Hobbes, existiriam basicamente três razões para os conflitos na política internacional: a guerra visando a ganhos, por exemplo, para adquirir territórios; a guerra motivada pela desconfiança ou pelo medo de uma ameaça; ou a guerra de doutrina, justificada pela autopreservação.

6.4.1 Guerra preventiva e preemptiva

Vista anteriormente de forma sintética, a guerra seria motivada por aumento de territórios e riquezas. Não obstante, duas formas de confrontação seriam relacionadas ao medo:

a guerra preventiva e a guerra preemptiva, alicerces da chamada Doutrina Bush, implementada por George W. Bush, ex-presidente dos Estados Unidos, contra ameaças reais ou potenciais.

A guerra preventiva se vincula à necessidade de um país desencorajar seu adversário a aprofundar a formulação e execução de ações que negativamente afetem seus interesses ou que relativamente reduzam seu poderio no curto, no máximo ou no médio prazo. As medidas tomadas, embora de caráter militar, voltam-se para influenciar de modo psicológico a sociedade do opositor. Ao sentir-se potencialmente prejudicada por causa do nascimento de um conflito que poderia atrapalhar as atividades comerciais ou ocasionar a morte de entes queridos, a opinião pública pressionaria seu próprio governo a limitar sua atuação em uma região ou em um segmento com possibilidade de provocar uma confrontação e, por conseguinte, uma retaliação.

Destarte, o temor compõe o cálculo estratégico nos dois lados em estado de tensão. Assim foram os casos conectados à Guerra do Peloponeso e à Segunda Guerra Mundial. Na Guerra do Peloponeso, ocorrida entre os anos de 431 e 404 a.C., a cidade-estado de Atenas rivalizava com a de Esparta na busca de influência e, por consequência, de liderança na civilização grega – ambas lideravam vastas alianças naquela península.

Embora a sociedade ateniense se voltasse mais para o comércio marítimo e para as artes, seu poderio crescia cada vez mais, graças ao bom desempenho econômico. Por outro lado, Esparta agregava um povo cuja preocupação central da vida eram os assuntos militares. O conflito se iniciou em virtude de divergências entre cidades pertencentes às duas alianças. Esparta, receosa da perspectiva do engrandecimento excessivo da rival e incitada por seus aliados, entraria em guerra contra Atenas. Com o apoio persa na fase final, Esparta preponderaria sobre os atenienses.

Já quanto à Segunda Guerra Mundial, cabe destacar que, desde o início do século XX, Estados Unidos e Japão disputavam o controle comercial do oceano Pacífico. A rivalidade permaneceu latente até a primeira metade da década de 1930, quando os japoneses avançaram nas suas conquistas territoriais, em desrespeito aos procedimentos estabelecidos pela Liga das Nações. Como resposta, os americanos reforçaram sua presença no arquipélago do Havaí, cobiçado anteriormente pelo império nipônico.

Todavia, o Japão avaliou que os Estados Unidos não aceitariam de forma definitiva suas incursões militares na China, cujo objetivo era assegurar recursos materiais. Quando tropas japonesas avançaram rumo à Indochina (Vietnã, Laos e Camboja), os americanos enviaram reforços para as Filipinas, a fim de mostrar seu descontentamento. Mais adiante, interromperam o fornecimento de petróleo para o Japão.

Dessa maneira, a fim de suprir suas necessidades de petróleo e borracha, o Japão julgou imprescindível a ocupação das atuais Malásia e Indonésia, colônias da Grã-Bretanha e da Holanda, respectivamente.

Com o propósito de dissuadir o governo norte-americano de tomar outras medidas desfavoráveis, o governo japonês, ciente de sua desvantagem bélica diante dos estadunidenses, decidiu desfechar em dezembro de 1941 um ataque de vulto ao Havaí.

A expectativa havia sido que o impacto da investida fizesse que a opinião pública americana pressionasse o Executivo a não ingressar em uma guerra, já de alcance mundial por causa das batalhas na Europa e na África. No entanto, o resultado foi o contrário, pois o bombardeio maciço a Pearl Harbor serviu de pretexto para a entrada dos Estados Unidos no conflito.

A confrontação preemptiva, por sua vez, se diferencia da preventiva na intensidade da percepção do medo pelas elites dirigentes; dessa forma, ela se estende bem além da preventiva, tendo na sua execução desdobramentos muito maiores. Essa confrontação é também típica do século XXI, de sorte que é um vocábulo novo no campo das RI, a ser até mesmo dicionarizado.

Na primeira forma de guerra (a preventiva), pode constatar-se sem sombra de dúvida a existência de vários tipos de ameaça real, ainda que ela não seja manifesta imediatamente, como nos dois exemplos citados: na península grega, o crescimento econômico de Atenas assombrou Esparta; no oceano Pacífico, a presença dos Estados Unidos assustou o Japão. Diante disso, efetivaram-se medidas militares como o melhor modo de bloquear o processo de avanço de cada um dos adversários.

Na segunda forma de guerra, a preemptiva, não há o vislumbre material de uma ameaça, mas uma percepção de que ela poderia existir. Assim, pode-se dizer que na guerra preventiva há indícios; logo, constatações; na preemptiva, há suposições; por conseguinte, intuições.

Todo sinal de descontentamento, mesmo verbal, pode ser interpretado como indício de uma insatisfação maior, como uma futura declaração de guerra ou ainda uma eventual preparação de um ataque, mesmo que o país em questão não tenha mínimas condições materiais para isso.

Destarte, o grau de subjetividade na formulação e no planejamento dos tomadores de decisão é muito mais amplo no segundo caso. Como consequência disso, a possibilidade de insucesso no fim do processo ou de aumento de custos materiais e humanos ao longo de sua execução também é alta.

Na política internacional recente, houve somente uma versão de um confronto preemptivo: a Segunda Guerra do Golfo, que para muitos teria sido um fracasso pois resultou na retirada norte-americana e teve um alto custo (por volta de um trilhão de dólares), além do longo tempo de permanência das tropas na região (quase dez anos) e da continuação da violência no Iraque.

6.4.2 Guerra de doutrina

A terceira caracterização da guerra é a confrontação de doutrina. Nos tempos contemporâneos, ela é às vezes chamada de ideológica, missionária ou ainda cruzada – termo empregado pelo presidente George Bush como resposta aos ataques terroristas de 11 de setembro de 2001.

De modo geral, é uma expedição militar com o propósito de defender determinados princípios, baseados na convicção irredutível de uma superioridade natural de conceitos morais sobre os dos seus oponentes.

A guerra de doutrina é a tentativa de universalizar, por meio da aplicação da força, valores específicos de uma sociedade. Isso pode ser representado, no campo religioso, pelo fervor dos fundamentalistas ou integristas durante a Idade Média; no econômico, pela oposição liberalismo/protecionismo (nos séculos XVIII e XIX) e capitalismo/comunismo (durante a Guerra Fria); no político, com a oposição democracia *versus* totalitarismo ao longo do século XX; no cultural, pelos conflitos da civilização ocidental contra outras, como japonesa, sínica, hindu, ortodoxa; e no comportamental, pela primazia ou não de determinados direitos humanos, como aqueles relativos às minorias.

Na política externa norte-americana, por exemplo, a visão doutrinal foi associada ao idealismo do presidente Woodrow Wilson. O wilsonianismo pregava um comportamento amparado em preceitos espirituais, e não em interesses materiais, valorizando de maneira simultânea a democracia, a autodeterminação, o isolacionismo (relativo) e o livre-comércio.

Os defensores desse tipo de política externa se encontram, em sua maioria, abrigados no Partido Democrata ou na ala progressista do Partido Republicano, separada deste por breve período na década de 1910, embora a influência dos progressistas seja cada vez mais reduzida entre os republicanos.

Desde o início do século XX, a autodeterminação dos povos e o princípio da não intervenção têm sido aspirações desse posicionamento político. Naquela época, boa parte das comunidades da África e da Ásia estava sob o jugo de alguns países europeus por interesses econômicos – sintetizados no imperialismo ou no neocolonialismo –, justificados por uma visão racista – o darwinismo social, no qual a humanidade estaria dividida em uma hierarquia supostamente natural de povos. Os europeus do norte, basicamente escandinavos e germânicos, ocupariam o topo da pirâmide. O nazismo levaria adiante a ideia de "biologizar" as relações internacionais, e o resultado seria catastrófico: a eclosão da Segunda Guerra Mundial.

Outro ponto vinculado ao idealismo é a defesa incontinente da democracia como um regime de funcionamento global e de fixação imediata, indistintamente da história e da cultura dos povos do restante do mundo. A partir de então, esse seria o único regime autêntico na política mundial, o que desencadearia a crença de alguns na legitimidade e na legalidade da derrubada afora de governos, sem consultas junto às sociedades civis locais, a fim de implementar a democracia. A preparação para a Segunda Guerra do Golfo foi parcialmente estruturada sob essa visão – seus formuladores, chamados de neoconservadores, orbitam em torno do Partido Republicano.

Contudo, a visão da democracia como valor universal não é nova: ela foi originalmente proposta por países ocidentais em uma época em que vigoravam monarquias autoritárias em vários países de poderio médio e grande, especialmente na Ásia e na Europa.

6.4.3 Guerra e revolução

Acrescente-se outro tópico de suma importância: a revolução. Ela se materializaria em uma política externa heterodoxa, caracterizada pela postura de renovar de modo radical o comportamento de um país na arena global. Assim, os efeitos do novo posicionamento do país que passa por esse processo, diante dos padrões costumeiros de convivência na comunidade internacional, são sempre turbulentos.

Os movimentos revolucionários normalmente se propõem a disseminar sua ideologia muito além das próprias fronteiras. Diante dessa situação, a violência em larga escala tem-se manifestado de duas maneiras básicas na política internacional: na tentativa de expandir e, por conseguinte, aplicar as novas diretrizes político-econômicas para outros povos ou na busca de conter o ímpeto de teor revolucionário em seu país de origem por um governo adversário ou por uma coligação *ad hoc*, isto é, uma aliança dimensionada para aquela questão. Ao ser superado aquele momento, independentemente do êxito, essa aliança tende a dissolver-se.

Durante pouco mais de dois séculos, houve um fenômeno interessante no tocante ao desenrolar das ondas revolucionárias: entre 1776 e 1991, o mundo assistiu ao nascimento, amadurecimento e falecimento de várias movimentações políticas, econômicas e sociais inovadoras.

Elas se iniciam com três revoluções – ocorridas em 1776, 1789 e 1804, nos Estados Unidos da América, França e Haiti, respectivamente – e encerram-se com o fim do chamado Socialismo Real, no Leste da Europa, tendo por epicentro a Uniao Soviética.

No período citado, todas elas foram combatidas, fosse pelas metrópoles isoladamente, fosse por uma aliança. A Revolução Americana, de inspiração republicana e igualitária, paradoxalmente teve êxito por causa do auxílio da França absolutista. Mesmo sendo a maior potência da época, a Inglaterra não conseguiu derrotar seus colonos, insatisfeitos com o tratamento administrativo recebido.

Por outro lado, a nascente república – até hoje mantida com o nome "provisório" – não alcançou sucesso na obtenção de apoio junto a outros povos da região, mesmo que fronteiriços, nem obteve a transformação, nos primeiros anos depois de sua independência, de outras comunidades coloniais.

Com a França, sucedeu algo semelhante. Durante quase uma década, várias alianças entre monarquias autoritárias tentaram, em vão, liquidar aquela onda revolucionária, defensora dos ideais de liberdade, igualdade e fraternidade, opostos aos valores tradicionais do absolutismo. Ao ir além da resistência, os revolucionários franceses expandiram territorialmente o país e, portanto, os novos princípios. Contudo, isso durou apenas alguns anos. No final de 1799, o país sofreu um golpe de Estado, encabeçado por um militar, Napoleão Bonaparte, que aos poucos transformaria a França em um império (1804). De toda forma, em julho de 1815, a era napoleônica chegaria ao fim e a monarquia da dinastia Bourbon retornaria ao poder, mas somente depois de mais de um quarto de século.

O Haiti, uma das colônias mais produtivas, também se destacou bastante, por ter sido o primeiro país independente das Américas a ser estruturado por ex-escravos (1804), depois de mais de dez anos de combates. Simultaneamente, os revolucionários lograram êxito no encerramento do jugo colonial junto à França e na extinção da escravidão, algo que não havia acontecido nos Estados Unidos. Meses depois, o país se transformaria em um império.

Sem pormenorizar muito, algo similar aconteceu com outros movimentos que se propunham transformadores ao longo do século XX, como a Revolução Soviética, que pôs termo à monarquia autocrática; a Chinesa, de outubro de 1949, que encerrou uma longa guerra civil; e a Cubana, de janeiro de 1959, a qual liquidou uma ditadura militar.

Todas as três, em seus momentos iniciais, sofreram tentativas de contenção. Na Rússia, tropas europeias, americanas e asiáticas combateram os revolucionários durante o período conhecido como Guerra Civil Russa (1917-1922); na China, os Estados Unidos apoiaram os nacionalistas, concentrados maciçamente em Formosa; em Cuba, novamente os norte-americanos patrocinaram uma tentativa fracassada de golpe de Estado, conhecida como a Invasão da Baía dos Porcos, em abril de 1961.

Por outro lado, nenhum desses movimentos de ruptura logrou sucesso – como os seus antecessores nos séculos XVIII e XIX – em expandir territorialmente suas fronteiras ou definir suas áreas de influências e, dessa forma, assegurar o firmamento das novas doutrinas.

Os russos, posteriormente soviéticos, delinearam sua esfera de influência somente após a Segunda Guerra Mundial, mais de duas décadas depois do terremoto revolucionário; os chineses obtiveram o Vietnã apenas em meados da década de 1970, uma vez que a Coreia já tinha um movimento comunista por conta da luta anticolonial; por fim, os cubanos ficaram isolados politicamente no Caribe, embora a propaganda anticomunista durante a Guerra Fria exagerasse o peso do governo de Fidel Castro.

6.4.4 Guerra irregular

Há ainda outra forma de confronto dentro das aspirações revolucionárias, chamada às vezes de guerra irregular, de guerrilha ou mesmo de subguerra nas relações internacionais. Essa forma de combater se tornou famosa graças à série de gravuras denominadas *Los desastres de la guerra* (1808-1814), do pintor Francisco Goya, que representam a resistência espanhola às Forças Armadas da França de Napoleão.

Desde o século XIX, existem livros versando sobre o tema. Entre eles, dois são considerados clássicos entre os adeptos da revolução: um é a obra *Regras de Conduta para Bandos de Guerrilha* (1832), do escritor nacionalista Giuseppe Mazzini, que repudiava o uso da violência contra civis e considerava os guerrilheiros o embrião de um exército nacional, responsáveis pela preparação para a insurgência contra o príncipe ou a metrópole opressora.

De acordo com o autor, os combatentes deveriam comportar-se com o objetivo de respeitar os civis, mulheres e propriedades. Símbolos da população, como os religiosos, deveriam ser preservados, desde que não utilizados na luta política. Em momento algum os combatentes deveriam portar-se como juízes ou desobedecer às regras do bom soldado – ao exercer, por exemplo, a prática da vingança.

Portanto, utiliza-se a guerrilha para a libertação nacional; seus membros formariam as futuras Forças Armadas do país recém-liberto. No momento em que Mazzini amadureceu a obra, ele observava boa parte dos povos europeus submetida a impérios, como o austríaco, o russo e o otomano. Assim, a guerrilha auxiliaria a forjar a autodeterminação dos povos. Nenhuma sociedade deveria aguardar sua libertação por meio da determinação de uma terceira parte – uma referência ao ideal universalista da época da Revolução Francesa.

O nacionalismo, viabilizado pelas forças guerrilheiras, arregimentadas, por sua vez, entre a própria população, deveria desencadear a formação de uma santa aliança dos povos, e não de impérios, conforme a que havia sido constituída anos antes. Dessa forma, a guerrilha seria uma forma de insurreição legítima, com o objetivo de eliminar ou de se contrapor à dominação por grandes potências.

6.4.5 Guerra de "quarta geração"

Historicamente, a mídia tem sido um canal de comunicação entre os atores políticos e a opinião pública, difundindo percepções e construindo contextualizações sobre temas diversos das sociedades. Ademais, os vínculos entre partidos políticos, grupos de pressão econômicos e grandes corporações transnacionais afetam a imparcialidade dos meios de comunicação e os transformam em uma poderosa arma tanto para difundir as políticas oficiais como para induzir tendências mercadológicas ou promover a contracultura.

A guerra de quarta geração é marcada pela externalização, privatização e compra da inteligência da informação. Empresas privatizadas transnacionais estariam prestando serviço aos governos em diversas partes do mundo, influenciando a tomada de decisão e, com isso, distorcendo as ações políticas, econômicas e sociais em favor de algumas elites. Assim, a mercantilização da informação repercute na qualidade da informação produzida e reflete-se na "invenção" de notícias e na teatralização de acontecimentos que alimentam a indústria da notícia no mundo.

Além disso, a guerra de quarta geração também é levada adiante pelos governos que detêm normalmente o direito de concessão dos meios de comunicação no país. Assim, as sociedades estão expostas ao risco da politização excessiva da mídia, da fragmentação da verdade e da distorção das percepções sobre a realidade – em suma, da manipulação da informação. A premissa básica é que informação, de boa qualidade, é poder.

Trata-se de um conflito no qual as armas principais são as ideias, valores e ideologias. De um lado, estão aqueles dispostos a utilizar os meios midiáticos para infiltrar-se na cultura de um país ou região. De outro, governos dispostos a proteger-se das pressões estrangeiras pelo fortalecimento da solidariedade nacional, exaltando valores nacionalistas e patrióticos com o intuito de garantir a sobrevivência do Estado e sua identidade.

Alguns governos, como o dos Estados Unidos, da Argentina e da Venezuela, têm procurado controlar canais de televisão e rádio a fim de disseminar suas visões de mundo, ao mesmo tempo em que bloqueiam a penetração de ideias estrangeiras vistas como nocivas.

6.4.6 Guerra cibernética

A chamada Terceira Revolução Industrial teve por base a microeletrônica (1970) e originou-se do financiamento maciço da Casa Branca, ao direcioná-la de início para o setor público, o que resultou em inovações como a internet ou os uniformes impermeáveis.

A Califórnia foi o local escolhido para abrigar a maior parte dos programas – estima-se que um quinto do produto interno bruto do estado, atualmente o mais rico do país, derive dessas parcerias entre governo, empresas de tecnologia de informação e universidades. Desde o princípio, o objetivo dos projetos foi manter as Forças Armadas estadunidenses na vanguarda. Nos Estados Unidos, o Departamento de Segurança Interna adquiriu poderes excepcionais de monitoramento sobre a população americana, sob a justificativa de identificar rapidamente todo eventual traço de atividade terrorista.

Ao se valerem basicamente de uma rede de satélites, com abrangência sob todo o planeta, as grandes potências podem sem muita dificuldade monitorar ligações telefônicas, mensagens eletrônicas e operações bancárias, com o propósito de ampliar o raio de segurança da sua própria população e supervisionar ou mesmo influenciar segmentos importantes de outros países.

Com isso, a guerra cibernética pressupõe outro tipo de exército: o virtual, no qual os soldados são especialistas em tecnologia da informação e podem combater a milhares de quilômetros de distância dos alvos de maneira anônima. Incumbem-se eles de invadir com o objetivo de extrair informações ou paralisar atividades de sistemas civis e militares de outros governos, bolsas de valores, bancos, aeroportos, meios de comunicação, companhias energéticas e empresas de saneamento, entre outros.

Questões para discussão

1. Qual a diferença entre a guerra preventiva e a preemptiva?
2. Por meio de quais tipos pode-se representar o poder?
3. Em que momento um país deve utilizar o emprego da força?
4. Em que situação política ocorre a guerra de doutrina?
5. Quais as funções da guerra nas relações internacionais?

Para saber mais

ARON, Raymond. *Paz e Guerra entre as nações*. IPRI. Brasília: Editora UnB. São Paulo: Imprensa Oficial do Estado, 2002.

MEARSHEIMER, John J. *A Tragédia da Política das Grandes Potências*. Lisboa: Gradiva, 2007.

NOGUEIRA, João Pontes; MESSARI, Nizar. *Teoria das RI:* correntes e debates. Rio de Janeiro: Elsevier, 2005.

NYE, Joseph. *Compreender os conflitos internacionais:* uma introdução à teoria e à história. Lisboa: Gradiva, 2000.

________. *O paradoxo do poder americano*. São Paulo: Edusp, 2002.

SAINT-PIERRE, Héctor. *A política armada:* fundamentos da guerra revolucionária. São Paulo: Unesp, 2000.

WALLERSTEIN, Imannuel. *O declínio do poder americano.* Rio de Janeiro: Contraponto, 2004.

WALTZ, Kenneth. *O homem, o Estado e a guerra.* São Paulo: Martins Fontes, 2004.

CONCLUSÃO

Como se pôde constatar ao longo da exposição do livro, o estudante de relações internacionais sempre se deparará com um mundo em constante transformação. Em alguns momentos, mais pacífico; em outros, de maior tensão. Em ambos, os diferentes atores alternam a utilização de duas maneiras para enfrentar os desafios: ora é a negociação; ora é a força. Naturalmente, o leque mais amplo está à disposição do Estado, ainda o principal ator na cena internacional.

Entretanto, o mundo sofre com a atuação das forças transnacionais, e os agentes não estatais, assim como as Organizações Internacionais, não são meros espectadores, mas também protagonistas da contínua transformação da realidade internacional, influenciando e controlando o fluxo de ideias, pessoas e capitais. Agentes não estatais, subnacionais e supranacionais dividem com os Estados a responsabilidade pela governança da sociedade global.

A mudança continua sendo a preocupação principal do internacionalista. Alterações nas relações internacionais, como as revoluções, os arranjos diplomáticos e políticos após os conflitos, além das muitas conferências multilaterais, introduziram novas formas de pensar as relações entre as nações.

A política internacional tornou-se menos eurocêntrica e mais americanizada; menos orientada por questões coloniais e mais voltada para a periferia do planeta, que passou a importar no século XXI. Ainda que a diplomacia secreta não tenha sido completamente extinta, como desejava Wilson, o multilateralismo floresceu pela profusão de temas e conferências. A globalização afetou a diplomacia de uma maneira que proporcionou maior espaço de atuação às potências menores, bem como abriu ao escrutínio público as negociações diplomáticas.

A contínua evolução, como característica identitária das relações internacionais, demandou adaptações das teorias e conceitos, ao mesmo tempo em que reforçou a capacidade do paradigma realista de se manter como paradigma de fato das RI. Esse fato, contudo, não invalida outra característica marcante – a da pluralidade científica das RI, constituída ao longo do tempo em torno de diversos e complexos problemas, geradora de múltiplos e variados conceitos, preocupada em organizar o mundo em teorias de diferentes matizes com paradigmas maleáveis.

Nesse sentido, o estudo dos textos clássicos possibilitaria expandir as referências para a compreensão das relações internacionais. Precursores e pensadores tiveram impacto na construção de diferentes visões sobre as relações internacionais, ao tomarem como objetivos descrever e analisar a natureza da política internacional e fornecer prescrições sobre a conduta dos governantes e seus Estados.

Assim, os diferentes usos dos autores clássicos, que proveem fundação filosófica para teorias contemporâneas, explicam e justificam políticas atuais – além de definirem e estruturarem debates nos dias de hoje –, têm como último objetivo iluminar o manejo prático e teórico das relações internacionais, fornecendo fundamento e inspiração para os analistas e estudiosos da atualidade.

Nesse processo de evolução por que tem passado o campo de estudo das Relações Internacionais foi essencial a organização sistematizada do conhecimento em conceitos, teorias, paradigmas, métodos e níveis de análise. Além disso, a superação das dificuldades inerentes ao processo científico auxiliou no amadurecimento do campo, no sentido de alcançar generalizações confiáveis, evitar interpretações manipuladas e tendenciosas, estipular parâmetros de referência e regularidade para lidar com as contingências, incertezas e indefinições do futuro.

Por um lado, a missão do internacionalista é procurar apreender o quadro fenomenológico amplo e complexo pela definição de tendências e mapeamento das condições de regularidade e continuidade. Por outro, conclui-se que, independentemente de possíveis tendências ideológicas, como aquelas dos vários autores estudados, as ideias e perspectivas apresentadas são de suma importância para despertar uma visão crítica sobre a produção teórica no campo das RI, o que leva a um aprimoramento teórico-conceitual que tem como origem a periferia do sistema de conhecimento internacional.

Nesse sentido, optou-se em apresentar uma evolução das tendências e correntes de pensamento, para que as "novidades" da dimensão analítica pudessem ser vistas como reflexo da dimensão histórica, na qual estariam contidas as críticas com o tipo de conhecimento produzido até então no campo das relações internacionais.

A miríade de opções teóricas fornece um estoque riquíssimo de possibilidades àqueles dispostos a se aprofundarem no campo de estudo das RI. Em síntese, o ecletismo precisa ser ensinado como característica identitária da ciência das RI, para que se evitem confusões teóricas e metodológicas, atraindo estudiosos de outros campos a abordar alguns assuntos pelo prisma das RI.

O desafio é desenvolver uma perspectiva brasileira sobre as RI que se afirme perante a sociedade do conhecimento mundial, dominada por europeus e norte-americanos.

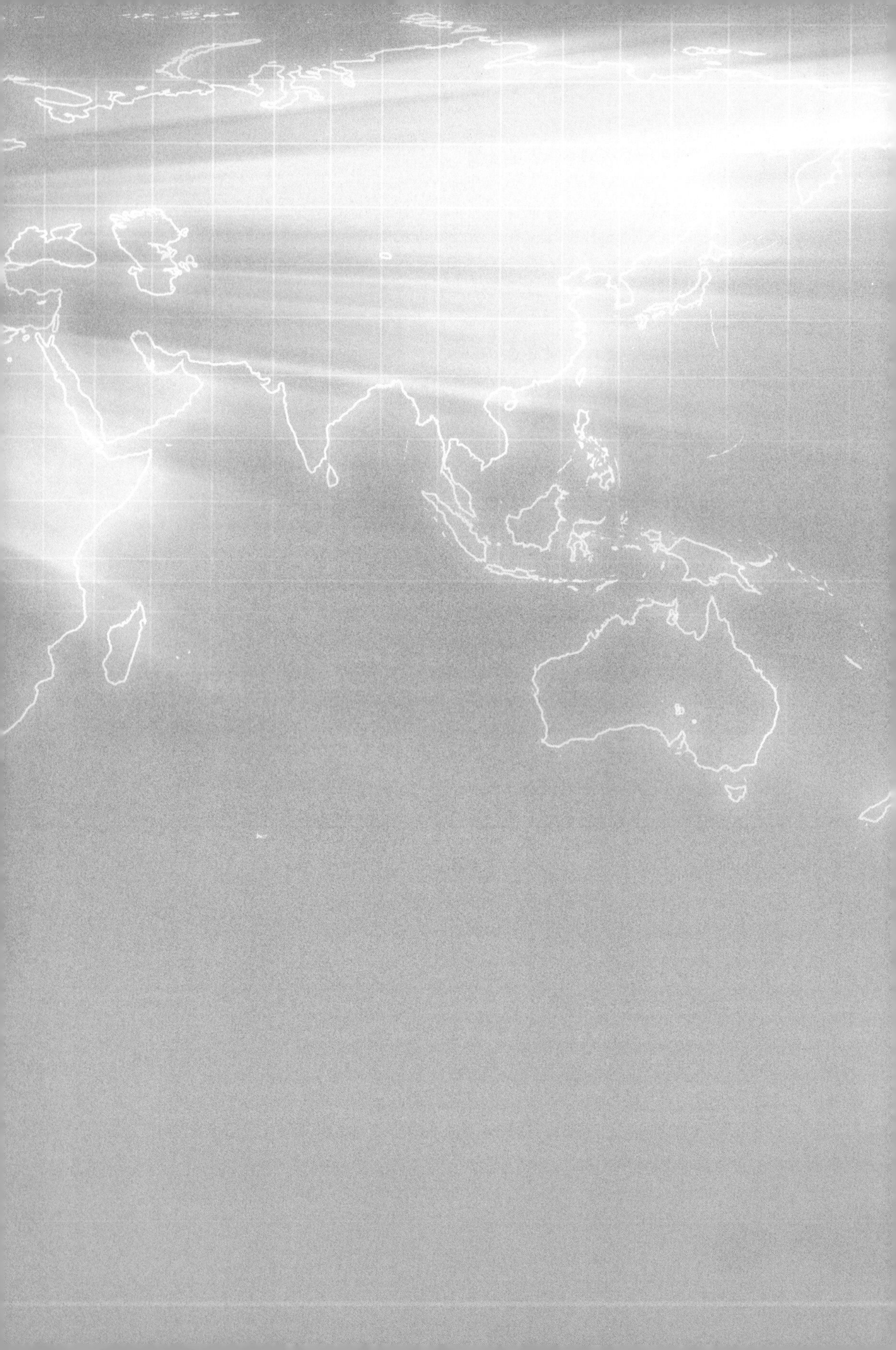

REFERÊNCIAS

ARENAL, C. Del. *Introducción a las Relaciones Internacionales.* Madrid: Tecnos, 1984.

BALDWIN, David (ed.). *Neorealism, Neoliberalism:* The Contemporary Debate. New York: Columbia University Press, 1993.

BARBÉ, E. *Relaciones Internacionales.* Madrid: Tecnos, 1995.

BEETS, Richard. *Conflict after the cold war:* Arguments on causes of war and peace. New York: Macmillan Press, 1995.

BOBBIO, Norberto et all. *Dicionário de Política.* 13. ed. Brasília: UnB, 2007.

BULL, Hedley. *A sociedade anárquica.* Brasília: UnB, IPRI, 2002.

CARR, E. H. *The Twenty Years Crisis, 1919-1939.* New York: Palgrave, 2001.

CREVELD, Martin van. *Ascensão e declínio do Estado.* São Paulo: Martins Fontes, 2004.

DUNNE, Tim; KURKI, Milja; SMITH, Steve. *International Relations Theories:* discipline and diversity. 2. ed. New York: Oxford University Press, 2010.

DUROSELLE, Jean-Baptiste. *Todo Império Perecerá.* Brasília: UnB; São Paulo: Imprensa Oficial do Estado, 2000.

EHRENREICH, Barbara. *Ritos de sangue:* um estudo sobre as origens da guerra. Rio de Janeiro: Record, 2000.

EVANS, Graham; NEWNHAM, Jeffrey. *The Penguin Dictionary of International Relations.* New York: Penguin Books, 1998.

HALLIDAY, Fred. *Repensando as Relações Internacionais.* Porto Alegre: Editora da Universidade/UFRGS, 1999.

JACKSON, Robert; SORENSEN, Georg. *Introdução às relações internacionais.* Rio de Janeiro: Zahar, 2007.

KAUPI, Mark; VIOTI, Paul. *International relations theory.* 2. ed. Boston: Macmillan, 1993.

KNUTSEN, Torbjorn. *A history of international relations theory.* Manchester: Manchester University Press, 1997.

KUBALKOVA, Vendulka. *Foreign policy in a constructed world.* Armonk, New York: M. E. Sharpe, 2001.

KUHN, Thomas. *A estrutura das revoluções científicas.* São Paulo: Perspectiva, 1996.

MALTEZ, José Adelino. *Curso de relações internacionais.* 2. ed. Cascais: Principia, 2010;

MESHEIMER, John. *The Tragedy of Great Power Politics.* New York/London: WW. Norton Company, 1999.

MORGENTHAU, Hans. *A política entre as nações:* a luta pelo poder e pela paz. Brasília: UnB, IPRI, 2003.

NICOLSON, Harold. *Diplomacy.* 3 ed. London: Oxford University, 1963;.

REMOND, René (org.). *Por uma história política.* 2. ed. Rio de Janeiro: Fundação Getúlio Vargas, 2003.

REUS-SMIT, Cristian; DUNCAN, Snidal. *The Oxford handbook of international relations.* New York: Oxford University Press, 2010.

SMOUTS, Marie-Claude. *As novas relações internacionais:* práticas e teorias. Brasília: UnB, 2004.

WATSON, Adam. Diplomacy. *The dialogue between states.* London: Methuen, 1984.